世界史リブレット人74

ウィルソン
国際連盟の提唱者

Naganuma Hideyo
長沼秀世

目次

ウィルソンの功績

ウッドロー・ウィルソン（一八五六〜一九二四、在任一九一三〜二一）といえば、高校で世界史を学んだ人ならば、第一次世界大戦期のアメリカの大統領として「十四カ条」や国際連盟の創設を提唱した人だと記憶しているだろう。

彼はアメリカでもっとも高く評価されているわけではない。アメリカでかならず取り上げられる大統領はワシントン▲やジェファソン▲、リンカーン▲であり、さらに今でも賛否の分かれるフランクリン・ローズヴェルト▲だろう。アメリカでは、歴史家たちが業績の偉大さの順で大統領を選ぶことがあるが、これらの人々に次いでウィルソンもよく取り上げられる。ウィルソンはベスト四には入らなくても、その次のランクには入る重要な大統領である。

▼ジョージ・ワシントン（一七三二〜九九、初代大統領、在任一七八九〜九七）　独立戦争を勝利に導き、推されて初の大統領となった。

▼トマス・ジェファソン（一七四三〜一八二六、第三代大統領、在任一八〇一〜〇九）　独立宣言の起草者。大統領在任中に、フランスからルイジアナ地方を購入し、アメリカの面積をほぼ倍増させた。

▼エイブラハム・リンカーン（一八〇九〜六五、第十六代大統領、在任一八六一〜六五）　南北戦争時の北部側の最高指導者。奴隷解放宣言を発した。

▼フランクリン・ローズヴェルト（一八八二〜一九四五、第三十二代大統領、在任一九三三〜四五）　ニューディール政策でアメリカを大恐慌から復興させた。第二次世界大戦の連合国側最高指導者の一人。

ウィルソンの功績を何に求めるかはかならずしも意見が一致しないが、彼は第一次世界大戦にさいし「十四カ条」を発表して戦後の世界平和をめざしたことで、結果はともかく相当な評価を与えられるべき人物である。さらに、彼がパリ講和会議▲で主導的な役割をはたし国際連盟規約▲を成立させたという点で、アメリカ自体が講和条約批准を拒否し連盟未加盟に終わったにせよ、その功績が否定されるべきではない。

しばしば、ウィルソンが議会多数派による連盟規約への留保条項付加の要求を拒否したことに関し、彼の非妥協的な態度が悪しき結果をもたらしたと非難される。しかし、仮にアメリカが留保つきで国際連盟に加盟したにせよ、連盟の活動にどのような影響を与えただろうか。そのような仮定への答えはないが、連盟の現実の活動に大きな相違はなかったのではなかろうか。連盟は、のちの国際連合と異なって安全保障に関する規約が弱体だったため、戦争を防止することはできなかったといわれる。しかし国際連盟の苦い経験があったために、その弱い点を補うことで、現在の国際連合がまがりなりにも強制力を持つ組織となり、不十分ながらも世界平和に貢献しているといえるだろう。

▼パリ講和会議　一九一九年一月～六月、第一次世界大戦の講和を討議した。

▼国際連盟規約　パリ講和会議で採択されたヴェルサイユ条約の第一部が国際連盟規約である。

ところで、ウィルソンの六七年の生涯のうち政治家であったのは、州知事と大統領あわせて一〇年である。他方、学者だった年数は二五年ほどになる。その点からは、本書の執筆が政治家時代のウィルソンに多くをさきすぎていることになるかもしれない。しかし、われわれは、彼の大統領としての言動に関心をいだくのである。そのため、紙数の多くは大統領時代にあてられている。また、本書はウィルソンの評伝ということになるが、かならずしも彼と関係しないことでもアメリカの歴史的展開の説明に必要な最小限のことは書いたつもりである。

なお、ウィルソンの写真の多くはいかめしい表情で、いかにも謹厳実直で頑固な人物に見える。しかし、彼が初婚の相手にも再婚の相手にも相当数のラブレターを送っているということを知ると、その人間像を写真だけでは判断できないことになる。また彼は学生時代にはスポーツにも勤しむなど、学問だけを求める堅物ではなかったようである。

①—学者をめざして

生い立ち

ウッドロー・ウィルソンは一八五六年十二月二十八日にヴァージニア州ストーントンで、長老派教会の牧師ジョゼフの長男として生まれた。母親のジャネットも同じ宗派の牧師の子であり、これら両親の影響からか、ウィルソンはアメリカ大統領のなかでももっとも信仰心の強い一人だといわれる。

彼の名前については、面白い話がある。生まれた時の名はトマスで、大人になるまではトマスまたはトミーと呼ばれていた。しかし彼は、二三歳ごろヴァージニア大学法科大学院一年の時から、トミーにかえてウッドローと名乗るようになった。それは母方の姓で、普通はミドルネームに使われるものである。

一年後、父親がジョージア州オーガスタの教会へ転勤したため、一家は引っ越した。その後も二度ほど一家は引っ越したが、ウィルソンは一六歳で、ノースカロライナ州のデイヴィッドソン・カレッジに入学し、家を離れた。このように、ウィルソンは幼少期に南部の町を転々とし、特定の町との絆はなかった

▼ストーントン　ワシントンから南西へ二五〇キロ弱にある町。

▼長老派教会　カルビニズムを中心とするプロテスタントの宗派で、長老による教会運営をおこなう。十六世紀のイギリスに始まったが、今ではアメリカで有力である。プリンストン大学はこの宗派が設立した。なおウィルソンは第三子。

▼ヴァージニア大学　ジェファソンが創立者の中心で一八二五年に開学したが、のちに州立となった。南部のもっとも代表的な大学とされ、法学の分野で有名である。

▼トミーにかえてウッドローと名乗る　このように呼び名を変えることは、そのころ南部の若い男性の間では普通のことだったといわれている。

▼オーガスタ　アトランタから東へ二五〇キロほどの町。

▼デイヴィッドソン・カレッジ　シャーロット近郊の同名の町に現在もある学校。

●—ジョゼフ・ウィルソン

●—ジャネット・ウィルソン

●—ウィルソンの生誕地

が、十分に南部人として育ったといえる。

そのためか、彼の黒人観は、当時の南部人の平均的な考え方、つまり人種的に劣るものとみなしていたと思われる。牧師である父親は直接には奴隷所有者ではなかったが、教会から黒人奴隷を貸与されていた。少なくともウィルソンは幼少期には黒人奴隷と自宅で接しており、黒人を自らと対等とはみていなかっただろう。

またこの時期、ウィルソンは南北戦争前後のことをわずかに記憶していたようである。四歳になる直前、リンカーンが当選したと人々が叫んでいるのを記憶していたという。さらに彼は、戦争末期に住んでいたオーガスタの町が北軍に占領されたことや、南部連合の大統領デイヴィス▲が捕らえられ連行されるのを見た記憶があるという。

南北戦争

こうしたウィルソンの幼少時から大学入学の一八七五年前後までのアメリカの動向を概観しておきたい。彼が生まれた年、結成後まもない共和党▲がはじめ

▼**ジェファソン・デイヴィス**（一八〇八〜八九、在任一八六一〜六五〈最初の一年は暫定で、正式就任は翌年〉）南北戦争前は、連邦議会の下院、上院議員だった。南部の連邦分離には消極的だった。

▼**共和党**　一八五〇年代に衰退したホイッグ党に代わって、五四年に結成され、二大政党の一つになった。なお民主党は一八二〇年代から成立していた。

て大統領候補をたて、奴隷制に基本的に反対する選挙公約を掲げた。翌五七年には最高裁がドレッド・スコット事件▲への最終判決を出し、その奴隷身分継続を決定した。

一八五九年にはジョン・ブラウン▲が武力で奴隷を解放しようとして、ハーパーズ・フェリー襲撃事件を起こした。二日後には逮捕され、ブラウンは絞首刑に処せられたが、当時のアメリカに大きな衝撃を与えた。

一八六〇年十一月のリンカーンの大統領当選は南部諸州に衝撃を与え、十二月二十日にはサウスカロライナ州が連邦から分離した。十日後、大西洋に面した港町、チャールストンにある連邦武器庫が同州の軍に占領された。その後、南部諸州が次々と連邦を離脱し、翌六一年二月四日、「アメリカ連合国」いわゆる南部連合を結成した。連邦側からみれば許しがたい反逆だった。

リンカーンがチャールストン湾内の小島にあるサムター要塞へ救援隊を派遣すると、サウスカロライナ側は四月十二日、要塞への砲撃を開始した。こうして南北戦争が始まった。それは、奴隷制維持か否かという問題を根本原因としつつも、表向きは、連邦維持か分離かという問題に関するものだった。情勢を

▼ドレッド・スコット事件　スコットは黒人奴隷だったが、主人とともにいったん北部の自由州イリノイへ移り、その後奴隷州ミズーリへもどった。彼は北部居住によって自由身分をえたはずだという訴えを一八四六年に州裁判所へ提訴した。その後、事件は連邦裁判所へ移された。

▼ジョン・ブラウン（一八〇〇〜五九）白人の奴隷制廃止運動家で、白人・黒人二二人を引きつれ、ハーパーズ・フェリーの武器庫から武器を奪って蜂起した。同地はワシントンから北西へ八〇キロほどで、当時はヴァージニア州だったが現在はウェストヴァージニア州に属しており、国定歴史公園となっている。

打開する一環として、リンカーンは一八六二年秋に奴隷解放宣言▲を翌六三年一月に発すると予告した。同年七月、南北戦争最大の激戦となったゲティスバーグ▲の戦いが三日間にわたって展開され、双方で五万人をこす膨大な死傷者を出した。四カ月後、リンカーンはこの地で有名な「人民の人民による人民のための政府」という演説をおこなった。

しかし戦争は簡単には終わらなかった。一八六四年にも各地で激戦が繰り返され、九月にはアトランタがシャーマン▲将軍率いる北軍に占領された。二カ月後、シャーマンは南部を広く占領する「海への進軍」を展開し、各地で焦土作戦をとった。そのころ大統領選挙がおこなわれ、リンカーンが選挙人票では圧勝したが、一般投票では小差だった。六五年四月初め、南軍は南部連合の首都リッチモンド(現在のヴァージニア州都)から撤退し、連合国の大統領デイヴィスはさらに遠方へ逃れた。九日、南軍総司令官リー▲はリッチモンドの西一二〇キロほどに位置するアポマトックスで北軍のグラント▲に降伏し、事実上、南北戦争は終わった。しかし小さな戦闘は続き、完全な終戦までにはさらに一カ月ほどを要した。リンカーンは南部の降伏を知ってまもない四月十四日、ホワイ

▼奴隷解放宣言　リンカーンは一八六二年九月に奴隷解放宣言を予告し、翌年一月一日よりすべての反乱地域の奴隷が自由になることを明示した。同日、正式な宣言が出された。

▼ゲティスバーグ　ペンシルヴァニア州にある。ワシントンの北一〇〇キロほどにあり、現在は国立軍事公園となっている。

▼ウィリアム・シャーマン（一八二〇〜九一）　北軍の代表的な将軍。南北戦争後には、陸軍総司令官になった。

▼ロバート・リー（一八〇七〜七〇）　軍人の家系に生まれ、優秀な軍人となり、一八五〇年代には陸軍司令官学校の校長になった。

▼ユリシーズ・グラント（一八二二〜八五、第十八代大統領、在任一八六九〜七七）　北軍の代表的な将軍。南北戦争後、元帥に昇進した。またその功績によるのか、政治家ではなかったが大統領に就任した。

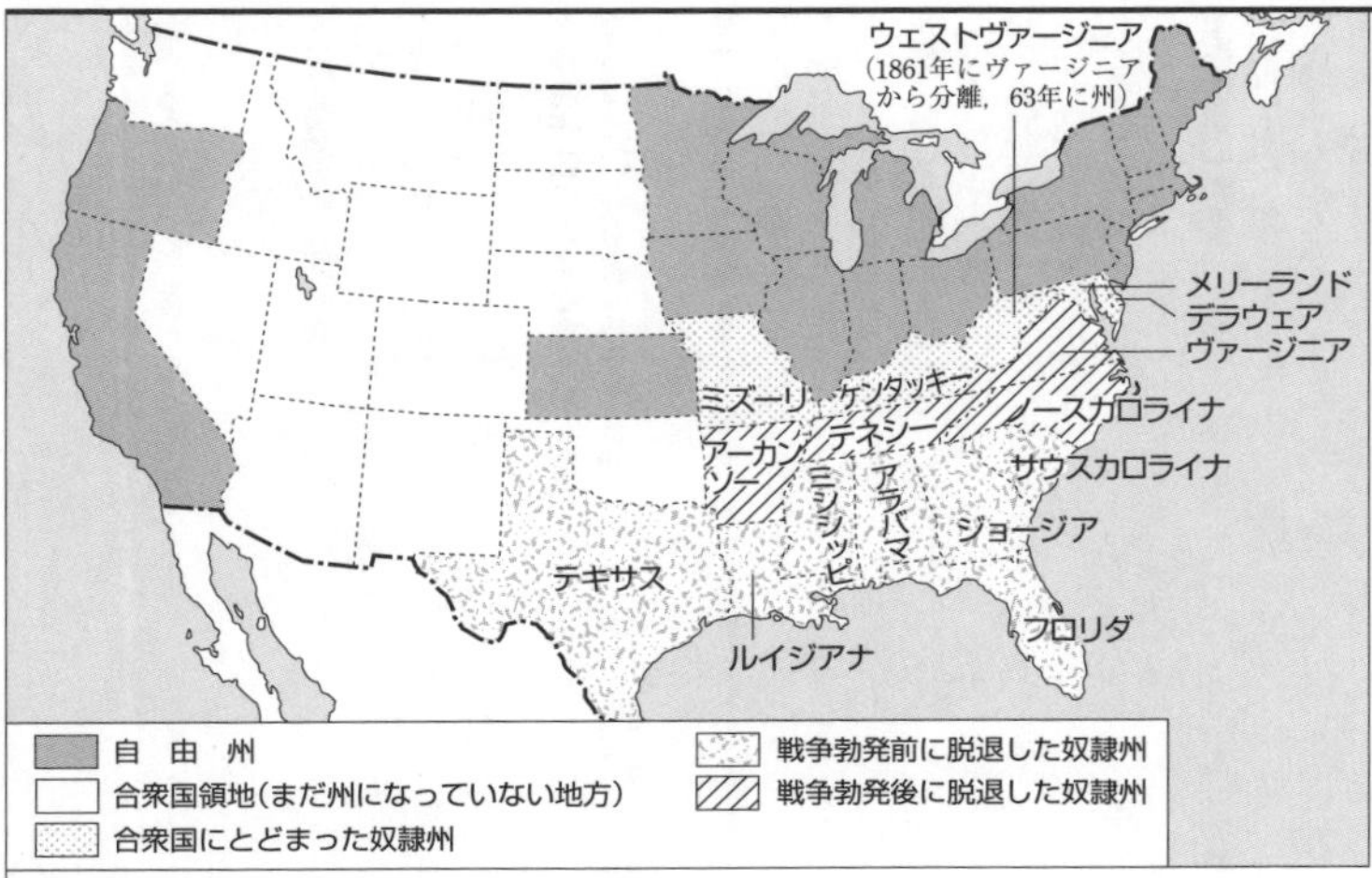

●―南北戦争勃発時の奴隷州と自由州

●―リンカーン大統領とゲティスバーグの戦い

トハウスから遠くないフォード劇場で南部の狂信者ブースに狙撃され、翌朝に命を落とした。

南北戦争の戦死者数は、北軍三六万余名、南軍二六万名弱と推計されている。これは今日にいたるまでアメリカがかかわった戦争のなかで最大の犠牲であり、国民総数に対する戦死率は二％にのぼる。

再建の時代

戦後最大の問題は、南部の復帰問題だった。リンカーン暗殺で副大統領から昇格したアンドリュー・ジョンソンは南部出身だったためか、寛大な条件で反乱州の連邦復帰を認めようとした。奴隷制を否定した憲法修正第一三条を南部諸州が受け入れれば、そのほかの社会変革がなくても復帰を認めようとしたのである。しかし急進的な考えの共和党が多数を占める議会は、黒人にも市民たる地位を認める修正第一四条の承認を復帰条件に加えた。それを規定した第一次再建法は大統領の反対を乗りこえて一八六七年三月初めに成立した。南部諸州には連邦軍が駐留し、そのもとで州政府が組織され、新しい州憲法が採択さ

▼**ジョン・ブース**（一八三八〜六五）　リンカーン暗殺後、いったんは逃亡したが、一二日後に射殺か自殺かはわからないが、死体となって発見された。

▼**南北戦争の戦死者数**　最近、ある研究者は一般に認められている数値より二割ほど多い計七五万名という推計を発表した。

▼**国民総数に対する戦死率**　今日ならば六〇〇万人に相当する。

▼**アンドリュー・ジョンソン**（一八〇八〜七五、第十七代大統領、在任一八六五〜六九）

▼**修正第一三条**　修正第一三条は、上院が一八六四年四月、下院が六五年一月に承認し、同年十二月までに復帰を認められた旧南部八州が批准して発効した。

▼**修正第一四条**　当時、修正第一四条はまだ各州による批准が規定数に達せず発効していなかったが、旧南部諸州の批准により一八六八年七月に発効した。

れることになった。

南部諸州は一八六八年夏までに、三州を除いて連邦に復帰した。さらに、「人種、皮膚の色、または以前の隷属状態のために投票する権利を奪ってはならない」という修正第一五条▲の承認が復帰の条件に追加されたが、一八七〇年までにすべての反乱州がそれを認めた。こうして再建過程は形式的には終了した。しかし南部諸州から連邦軍が引き揚げていくと、その影響下で政権を握っていた共和党勢力は弱まった。次第に民主党が政権を回復し、七六年の段階で、共和党政権はフロリダ、ルイジアナ、サウスカロライナの三州のみとなった。

一八七六年の大統領選挙では、激戦州の投票結果の判定をめぐって民主・共和両党が争い、普通の方法では決着がつかなかった。例外的な方法で共和党のヘイズ▲勝利と決まったが、その決定は多分に疑問が残るものだった。しかし、ヘイズ政権の発足、連邦軍隊の旧反乱州からの最終的撤退によって、「再建時代」は最終的に終わりを告げた。

▼修正第一五条　一八六九年二月に両院を通過し、諸州の批准をへて七〇年三月に発効した。

▼ラザフォード・ヘイズ（一八二二～九三、第十九代大統領、在任一八七七～八一）　彼の当選は、上下両院議員および最高裁判事各五名よりなる委員会において八対七で決められたが、当初、下院は承認しなかった。結局、一八七七年三月の就任日直前に下院はこの判定を認めた。

修業時代

ウィルソンは入学したデイヴィッドソン・カレッジを一年でやめてしまい、家にもどった。おそらく、高校レヴェルの学校ではなく、よりレヴェルの高い大学に入るためだったと思われる。一八歳になった一八七五年、カレッジ・オブ・ニュージャージー▲に入学し、はじめて北部に住むことになった。ここで彼は上位四分の一に入る優秀な学生となった。また、弁論部に入り、しばしば政治をテーマに議論を展開し、南部出身ながらも州権論▲をとらず、強い中央政府を肯定するフェデラリスト(連邦主義者)を支持した。さらに彼は野球部にも所属し、ある程度活躍したほか、学生新聞の編集にも参加し、四年時には編集長になった。

そのころウィルソンは「アメリカにおける内閣制政治」という小論文を書き、ボストンで発行されていた雑誌『インターナショナル・マガジン』▲に投稿した。七九年八月号に掲載されたが、そこには、のちの彼のアメリカ政治体制に関する基本的な考え方が示されていた。当時、アメリカにおける大統領制政治では、大統領や各省長官は議会の審議に参加しなかった。ウィルソンはこのような政

▼**カレッジ・オブ・ニュージャージー**　当時から、所在する町の名前にちなんで「プリンストン・カレッジ」と呼ばれることが多く、ウィルソンが入学した二十年ほどのちの一八九六年に、正式に「プリンストン大学」となった。一七四六年創立でアイヴィー・リーグの一員として、現在ではアメリカの最高レヴェルの大学の一つである。アイヴィー・リーグとは、つた(アイヴィー)がはうような創立年代の古い北東部にある名門私立大学の八校を指す。

▼**州権論**　州の権利を強大なものとし、ときには連邦の制約を受けないものと考える。その最たるものが南北戦争の発端となる連邦からの離脱である。

▼**『インターナショナル・マガジン』**　当時の編集長は、ハーヴァード大学の若手講師だったヘンリー・キャボット・ロッジ(一八五〇〜一九二四)だった。彼は四〇年ほどのちに、国際連盟問題をめぐってウィルソンと激突する(六〇頁以下参照)。

一八七九年のウィルソン（帽子を手に持っている人物）

治のあり方を能率の悪いものとみなし、アメリカもイギリス型の議院内閣制の利点を取り入れ、閣僚が議会の討論に参加すべきだと論じた。そうすれば行政府と立法府のつながりが強まり、より能率的な政治がおこなわれると彼は考えたのである。

この論文が発表された年にウィルソンは南部へもどり、ヴァージニア大学法科大学院に進んだ。彼はおもにアメリカの政治および歴史を研究し、一年目から『ヴァージニア大学評論』誌にいくつかのエッセイを書いた。そのうちの一つでウィルソンは、南部を愛するがゆえに南部連合の失敗を喜ぶという見解を述べた。それは、南部が連邦の一員であることを好ましいと考える彼の立場を示したものである。一方、一八八一年初めにニューヨークの有力紙『ニューヨーク・イヴニング・ポスト』に投稿した小論では、連邦政府の再建政策も非難されるべきものであったと主張した。

一八八二年五月ウィルソンは友人の招きでアトランタへ行き、まだ司法試験に合格していなかったが、法律事務所で仕事をすることになった。十月には正式な資格をえたがほとんど仕事がなく、わずかに二、三回法廷に出ただけだっ

▼ジョンズ・ホプキンス大学　一八七六年にボルチモアを主たるキャンパスとして開学したが、当初からヨーロッパの大学に準拠し、大学院における研究を重視した。今日もアメリカの代表的な大学の一つである。

エレン・アクスソン

た。翌年、彼は大学教授になることをめざし、ジョンズ・ホプキンス大学▲大学院へかようことにした。ここでウィルソンは議会に関する研究をおこない、八四年秋に原稿を大手出版社に送り、それは一八八五年一月に出版された。彼のもっとも代表的な著作、『議会制政治』である。

そのなかでウィルソンは、当時のアメリカでは大統領は概して単なる行政担当者であり、議会の政策に従うだけだと論じた。政治の実権は主として議会の常任委員会が握り、「委員会政治」がおこなわれ、国全体としてみた場合、連邦政府は強力さに欠け、その権力は弱められ、即効性・効率性の点で不十分だと主張した。逆にウィルソンは、イギリスでは議院内閣制によって内閣・各省が責任ある政治を遂行していると評価していた。この著作は、一方では重要なアメリカ政治論だという好意的な批評を受けるとともに、他方ではイギリス贔《ひい》屓《き》でアメリカの政治制度の利点を評価していないとも批判された。

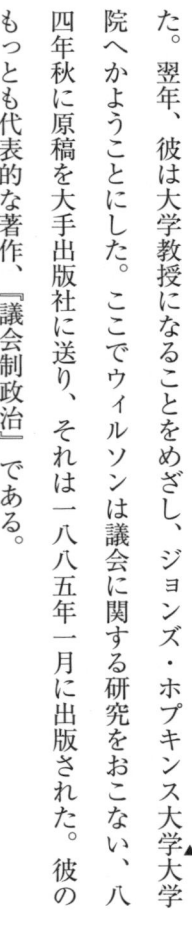

大学の教師

ウィルソンは著書が出版された時まだ博士号を取得していなかったが、一八

教師時代のウィルソン（最前列右から二番目）

▼ウェスリアン大学　一八三一年創立のリベラルアーツ・カレッジとして有名であり、レヴェルは非常に高い。リベラルアーツ・カレッジとは教養科目中心の大学であり、比較的規模が小さく、一般に大学院をもたない。

八五年秋に新設のブリンモア大学で歴史を教えることになった。この大学はフィラデルフィア郊外にある女子大学であり、彼はここで教えることを全面的には喜んでおらず、「共学の学校で教えたい」とか、「若い男性を教えたい」といっていたという。しかしこの大学のレヴェルは高く、彼の就職後まもなく、アメリカではじめて女子学生に博士号を与える大学院を設けるほどだった。

就職が確定したウィルソンは、教職につく三カ月ほど前の一八八五年六月に結婚した。相手のエレン・アクスソンは父の同僚である牧師の娘であり、二人は二年ほど前に出会っていた。ウィルソンはすぐに恋に落ち、まもなく結婚を約束した。

大学講師となったウィルソンにとって、まずなすべきことは博士号を取得することだったが、それは容易なことだった。若干の試験にも簡単に合格し、就職一年目が終わる一八八六年五月に博士となり、まもなく三年契約の準教授に昇格した。翌年にはジョンズ・ホプキンス大学の非常勤講師にもなり、男子学生を教えるようになった。ブリンモア大学で三年教えたあと、ウィルソンはコネティカット州にあるウェスリアン大学▲に移った。こうして彼は、ほとんど男子学生のみの大学の正教授として教えることになった。しかし予想に反して、学生の質はブリンモアの女子学生とくらべてとくに良くはなかった。一八九〇年、彼は母校のプリンストンから誘われ、わずか二年でニューイングランドの地を離れた。

　この間にウィルソンが研究した成果は八九年に出版された『国家』に示され、このテーマに関する彼の見解が総合的に展開された。ウィルソンは、政体は社会の有機的な特性・発展に依拠するものであり、普遍的な法があるわけではなく、それぞれの国家には、その歴史的特性にもとづいた法があると論じた。また、法は政策の基準にのみ従うものであり、絶対的な正邪によるものではないとも主張した。この著書は政治学の教科書として出版されたため、多くの批評の対象とはならなかった。

　ともあれ、ウィルソンはまだ三〇代半ばであるにもかかわらず、著名な学者としてプリンストンにむかえられ、学生の人気も高かった。早くもヴァージニア大学から学長に招聘《しょうへい》しようという声がかけられたが、彼はそれを断り、プリンストンにおける自分の地位を高めようとした。一八九六年にプリンストンが

▼グローヴァー・クリーヴランド（一八三七〜一九〇八、第二二および二四代大統領、在任一八八五〜八九、一八九三〜九七）　南北戦争後、初の民主党大統領。金本位制支持、ハワイ併合反対の政策をとった。

▼アンドリュー・カーネギー（一八三五〜一九一九）　彼は一八六五年に鉄鋼などをあつかう会社を創立したが、同業他社を合併して、八九年にはカーネギー製鋼会社を創業した。それはアメリカ最大級の鉄鋼会社だった。しかし一九〇一年には、高齢のため引退を考え、同社を当時の金融王J・P・モルガン（一八三七〜一九一三）に売却した。この会社はさらに大きなUS・スティール社となり、当時の資本金で世界初の一〇億ドルをこす巨大会社となった。

創立一五〇周年をむかえた時、彼は記念集会の主要演説者となった。そこには現職の大統領クリーヴランド▲も理事として列席していたが、この段階では、ウィルソンが将来の大統領になることは本人を含め誰も予想していなかった。

このようにウィルソンは順調に学者として評判を高めていたが、そのころ早くも健康上のトラブルにぶつかった。一八九六年五月、最初の脳卒中にみまわれ、右手にしびれや痛みを感じた。彼はこうしたトラブルにその後も苦しめられることになった。

経済と社会の変化

ウィルソンが学者としての道を歩みはじめた十九世紀最後の四半世紀は、アメリカが急速に発展し、世界の大国となってゆく時代だった。毎年の経済成長率はおそらく当時の世界でもっとも高く、アメリカはイギリスを追いこし、世界最大の工業国となった。またアメリカは大農業国でもあり、早くも世界一の経済大国となった。こうしたなかで、カーネギー▲が大鉄鋼会社を興し、ロックフェラー▲が独占的な石油トラストを組織した。今や大企業が有力になり、「ト

▼ジョン・D・ロックフェラー（一八三九〜一九三七）　彼は一八六三年に石油会社をつくり、その後同業他社を買収するなどして成長した。八二年にはさらに巨大なスタンダード・オイル・トラストを組織し、一時は全米の石油業の九割を支配するまでになった。トラストは「信託」という意味からもわかるように、支配下におく会社を全面的に上部組織に「信託」させ、事実上一つの企業としたものである。当時は、株式会社が他社をそのまま吸収・合併することは法的に認められていなかったため、このような方策をロックフェラーが案出したといわれる。その後、この組織は反トラスト法違反とされて解散したが、すぐに組織変更をおこなって、スタンダード石油会社として石油業のなかでほぼ一貫して最大の地位を確保してきた。

ラスト時代」が出現した。

これら産業の発展は鉄道の発展とも密接に関連した。鉄道の総距離は南北戦争時から一九〇〇年までに六・三倍、三一万キロになった。それは、世界の鉄道距離の四割を占めるものだった。また、鉄道の発展が一要因となって西部開拓が進められた。開拓民に土地を無償で与えるホームステッド法▲が一八六二年に制定されたことも大きく寄与した。西部各地の人口が増大し、新たな州が組織され、一八六〇年には三三州だったのが、一九〇〇年には四五州になっていた。

西部開拓の過程でフロンティア・ライン▲が消滅した。一八九〇年の国勢調査の結果、それが地図上にはっきりとした線で描けなくなった。ウィルソンの受講生だったターナー▲は、この変化を「アメリカ史におけるフロンティアの意義」という論文に書き、アメリカは大陸膨張時代を終え、大きな転機をむかえたと主張した。

西部開拓の進展とともに、先住民であるネイティヴ・アメリカンは西へ追いやられ、居留地に押し込められた。先住民と軍隊との間でしばしば激しい戦闘

▼ホームステッド法　開拓民が新たに土地を開墾し五年間定住すれば、一六〇エーカー（約六五ヘクタール）を無償で与えた。

▼フロンティア・ライン　フロンティアの定義は一平方マイルに二〜六人しか住んでいない土地であり、それらの地域を地図上で結んだ線がフロンティア・ラインである。

▼フレデリック・ジャクソン・ターナー（一八六一〜一九三二）　彼は一八九三年に発表したこの論文で、フロンティアにこそアメリカ文明の諸特徴がみられるとし、アメリカの歴史的発展に関する新解釈を提示した。それは「ターナー理論」として、歴史研究者だけでなくアメリカ人に大きな影響を与えた。

▼ウーンデッド・ニー　サウスダコタ州にある小さな川と周辺の名称だが、ここで先住民のスー族と第七騎兵隊がぶつかり、先住民は女性や子供にいたるまで二〇〇〜三〇〇人が殺された。

がおこなわれ、一八九〇年のウーンデッド・ニー▲の抗争で先住民側の抵抗はほぼ消滅した。連邦政府は彼らを限定的にアメリカ国民として受け入れる政策を展開した。八七年制定のドーズ法▲は先住民の世帯主に市民権を与え、居留地のなかで一六〇エーカー(約六五ヘクタール)の土地の私有を認めた。

南部諸州では、一旦は解放され市民となった黒人からその権利を奪う動きが一八九〇年前後から活発化した。識字テストや投票税など、黒人の投票権を事実上奪うさまざまな方策が展開され、二十世紀初めには南部諸州の黒人の大多数が選挙権を奪われていた。また一八九六年には、黒人差別を法的に認める最高裁判決、プレッシー対ファーガソン事件判決▲で「分離すれども平等」という法理が展開され、人種隔離が正当化された。

またこの時期、アメリカの人口は二倍以上になり、一九〇〇年には七六〇九万人になった。今やアメリカは人口でも、ロシアを除くヨーロッパのどの国よりも大きな国となった。その増加は自然増加とともに、移民の急激な流入のためだった。移民は約一三三〇万人にのぼり、多くはヨーロッパからやってきた。しかし彼らの出身国は次第に変化し、一八八〇年代までは英語使用国の人々や

▼ドーズ法　ヘンリー・ドーズ(一八一六〜一九〇三)上院議員が主唱者となった一般土地割当法で、それまでの先住民の共同体的所有の形態を解体し、個別所有に変更するものだった。居留地の残余の土地は白人が購入できるようにした。私有化された先住民の土地は、制度的には二五年間譲渡できないことになっていた。

▼プレッシー対ファーガソン事件判決　一八九〇年にルイジアナ州が定めた法律によれば、鉄道会社は同等の設備などを提供すれば、白人用と黒人用に車両を分離できた。それに対し九二年、黒人の血が八分の一でほとんど白人といえるプレッシーは、白人車両に乗ったため逮捕・投獄された。それをめぐる裁判で一審のファーガソン判事は、憲法修正第一四条などにもかかわらず、それを合法と認めた。最終的に最高裁はファーガソンの判決をよしとし、その後六〇年近く維持される「分離すれども平等」という原則を打ち立てた。

ドイツ人などのゲルマン系が主だったが、九〇年代からはイタリアやロシア、東欧諸国からの人々が急速に増大した。実数は少ないが、中国人や日本人も移民してきた。こうして移民問題が議論され、中国人の場合、早くも一八八二年に中国人排斥法が定められ、その移民は禁止された。日本人に対する排斥運動も二十世紀初頭から始まった。

国内政治と対外関係

当時のアメリカでは、共和党と民主党という圧倒的な二大政党に対してはじめてある程度有力な第三政党が出現した。一八九二年の大統領選挙に登場した人民党(ポピュリスト党)である。その選挙公約には、政府は「普通の人々」のものでなければならず、働く人々の連帯は永続的であり、富はそれを生み出した人々に属すると記されていた。具体的には、連邦政府による安全かつ健全な通貨の発行、銀貨の自由かつ無制限な鋳造を求め、累進所得税、鉄道や電信・電話の公有・公営など、急進的な主張も展開した。

次の大統領選において、人民党は民主党の候補と同じ人物を候補とした。このようなことは、アメリカでは時々おこなわれた。銀貨の自由鋳造を主張するブライアンが民主党候補に選出されたためである。しかし彼は共和党のマッキンレーに敗れた。この時四〇歳になろうとするウィルソンは、銀貨自由鋳造には反対の考えを持っていた。彼はマッキンレーに投票するほかないと考えていたが、民主党が割れて金本位主義の民主党候補が出たので助かったと述べたという。

他方、アメリカはふたたび戦争を経験することになった。わずか数カ月間で簡単に勝利した米西戦争である。その舞台となったスペイン植民地、キューバでは、一八九五年から独立をめざす反乱が始まり、その状況が当時の新聞でセンセーショナルに報道された。同地在留のアメリカ人を保護するということでアメリカの戦艦メイン号がハバナ港に停泊していたが、九八年二月十五日、何らかの理由で爆発し乗員二五〇名が死亡した。四月十一日、マッキンレーはアメリカが干渉する権限を議会に要請し、議会はキューバの独立、スペイン軍の撤退、そのための武力行使を決議した。

まず海軍によるキューバ封鎖が始まり、五月一日には、香港にいたアメリカ

▼ウィリアム・J・ブライアン（一八六〇〜一九二五）　彼は三度にわたって民主党の大統領候補となり、のちには国務長官（在任一九一三〜一五）を務めた。

▼ウィリアム・マッキンレー（一八四三〜一九〇一、第二十五代大統領、在任一八九七〜一九〇一）　金本位制確立、高率保護関税など産業資本を支持する立場をとり、海外進出にも積極的だった。無政府主義者に暗殺された。

艦隊が同じくスペイン植民地、フィリピンのマニラ湾を攻撃した。フィリピンからのスペイン軍を阻止するという理由だった。キューバでは六月二十二日にアメリカ軍がサンティアゴを攻撃し、スペイン軍は七月十六日に降伏した。八月十二日には休戦協定が締結され、十二月にパリで正式な和平条約が結ばれた。スペインはキューバの独立を承認し、さらにプエルトリコ、フィリピンおよびグアムをアメリカへ譲渡した。

フィリピンでは、革命軍が新しい支配者アメリカに三年ほど抵抗したが、鎮圧された。キューバでは、一九〇一年に制定された憲法のなかに、アメリカから強要された項目、いわゆる「プラット条項▲」が含められ、外交関係や財政問題についてのアメリカの関与、グァンタナモ▲の提供などが定められた。キューバは実質的にアメリカの保護国となった。またアメリカは一八九八年にハワイを領土として獲得した。ハワイでは、砂糖業関係などの仕事に従事するアメリカ人が勢力を強め、九三年に王国を倒し、アメリカに併合されることを要望していた。その他、アメリカは一八六七年にアラスカをロシアから買収している。

こうしてアメリカは西欧列強とともに帝国主義国となった。しかし一方では、

▼プラット条項　オーヴィル・プラット上院議員(一八二七～一九〇五)が財政支出法に付加させた諸条項で、キューバの条約締結権や借款設定権などを制限し、状況に応じてアメリカが干渉することなどを認めさせたものだった。

▼グァンタナモ　プラット条項にもとづく一九〇三年の条約で、アメリカが無期限で借り受け、海軍基地を設置したキューバ南東部の広大な地域。今日なおアメリカが保持して、テロ組織に関係ありとみなす人々を長期にわたって拘留している。

米西戦争の時からフィリピン領有に反対する運動が展開され、ブライアンもその運動にかかわる一人だった。ウィルソンはむしろマッキンレーの立場を支持し、フィリピンやグアム、ハワイをアメリカが領有すべきだと考えていたといわれる。

　またアメリカは、別の地域で諸列強とはやや異なる政策を展開した。一八九九年九月、ヘイ▲国務長官はヨーロッパ諸列強および日本に対して「門戸開放通牒」を送り、中国における諸国の経済活動の平等を認めるよう求めた。前年にイギリスが香港を租借し、諸列強も次々と中国に租借地を設定したため、アメリカの商業上の利益が侵されることを心配したことにその一因があった。翌年六月には義和団事件▲が起こり、アメリカを含む諸列強が軍隊を派遣し、その駐留を認めさせ、中国の半植民地化がいっそう進展した。ヘイは七月に第二の通牒を諸列強に送り、中国の領土保全、行政権の尊重などを提唱した。しかし、これら「門戸開放通牒」は諸列強を拘束するものとはならなかった。

▼**ジョン・ヘイ**（一八三八〜一九〇五、在任一八九八〜一九〇五）　共和党の政治家。門戸開放政策を主導し、アメリカのアジア進出を推進した。

▼**義和団事件**　当初は「扶清滅洋」を掲げる排外主義結社の義和団の反乱だったが、それが日本およびドイツの外交官を殺害するなど国際紛争となり、清国政府は義和団を容認して諸国に宣戦布告した。北清事変ともいわれる。

②—学長、州知事そして大統領へ

プリンストン大学学長

一九〇二年六月、プリンストン大学理事会はウィルソンを学長に選出した。彼はプリンストンをトップレヴェルの大学にするべく、まず学部教育の改革をめざした。カリキュラムを指定科目と選択科目に分け、とくに学問の規範となる古典、数学、科学などを必修の中核科目とした。また、イギリスのオックスフォード大学のように個人指導教員制を設け、学生を少人数ごとに未婚の教員とともに学寮に住まわせることにした。

そのためには教員を増加させる必要があり、ウィルソンは理事会や同窓会に強力に働きかけ、募金活動を展開した。こうして一九〇六年の新学期には、カリキュラム改革などが相当程度まで実現した。また彼は学科を増やすことに努め、さらに大学院の充実をはかり、学部と同様の学寮を構想した。しかし二年後、その所在地を大学の中心地域に設けようとするウィルソンに対し、大学院長のウエスト▲が学部生のキャンパスとは離れた場所にすることを主張した。二

▼**アンドリュー・ウエスト**（一八五三〜一九四三）　一八八三年から西洋古典学の教授。一九〇〇年から大学院長を二七年間務めた。

▼ジョージ・ハーヴェイ（一八六四〜一九二八）　いくつかの新聞や論評誌の社主・編集長として、政界にも影響力をもった。のちには共和党支持にかかわった。

人はそれぞれ理事会の支持を求めて争ったが、理事会は古参教授として有力だったウエストの見解を支持し、ウィルソンの大学院プランを認めなかった。

一方、ウィルソンは学外にまねかれて講演する機会が増え、もともといだいていた政治への関心から、時事問題について発言をするようになった。有力雑誌『ハーパーズ』の編集長ハーヴェイ▲はウィルソンが将来の大統領候補になると目をつけ、一九〇六年四月、ニューヨークの民主党クラブ夕食会に彼をまねいて演説の機会を提供した。ハーヴェイはウィルソンの学長就任演説を聞いた時から、彼の政治家への転身の可能性を考えていたという。翌年には、ニュージャージーの民主党関係者がウィルソンを上院議員候補にかつぐ動きをみせた。

そのころのウィルソンの政治的立場は、民主党右派を支持するものとみられていた。当時、次第に高まっていた連邦所得税を求める動きに対して、彼は富裕層への差別だとして反対した。またウィルソンは、かつて人民党が提唱したイニシャティヴ（国民、州民、市民などの住民発議）やレファレンダム（国民、州民、市民などの住民投票）についても、直接民主主義は好ましくないと考えていた。さらに女性参政権の運動についても否定的だった。ビジネスに対する規制に関

▼シャーマン反トラスト法　ジョン・シャーマン上院議員(一八二三〜一九〇〇)が形式的な主唱者となって制定された世界初の反トラスト法。州際通商を制限するトラストその他の不当な企業結合を禁止し、被害の三倍の賠償を求められるとした。しかし、全文わずか八条で定義なども不明確で不完全なものだった。

▼タマニー派　十九世紀後半から一九三〇年代初めまで、ニューヨーク市政を牛耳った民主党グループの通称。しばしば腐敗政治、ボス支配政治を意味する。その名称は、十八世紀末に先住民の部族長の名を用いて結成された聖タマニー協会に由来する。

しても、彼は急激なやり方には反対であり、シャーマン反トラスト法▲は効果がないと批判していた。しかし、このようなウィルソンの保守的な姿勢はその後次第に変化し、民主党の革新派を率いるまでになる。

他方、ウィルソンは学者としてそれなりの成果を出していた。一九〇八年には、前年のコロンビア大学における講演を基礎にして『立憲制政治』を出版した。それは以前の『議会制政治』の改定版とも考えられ、南部的な州権の絶対性を否定し、連邦政府の優位を主張するものだった。大統領についても、その外交権は絶対的であるべきであり、立法にも指導権を発揮すべきであるとし、議会が大統領をしのぐような状況は好ましくないと主張した。

ともあれハーヴェイは、ウィルソンを政治の世界へ押し出そうとする動きを強めた。『立憲制政治』が出版された年に、ハーヴェイはニューヨークの民主党主力タマニー派▲にウィルソンを大統領候補に推すことを働きかけたが、この時点ではウィルソン自身が大統領になることを望まなかった。

その後、ニュージャージーの民主党指導者たちもウィルソンに関心を示すようになった。一九一〇年の春、彼を州知事候補に指名する動きが生まれた。同年六月、プリンストン大学卒業生の実業家や弁護士たちが州民主党の有力者と食事をともにし、ウィルソンを話題にした。七月には彼が州民主党有力者と会談し、選挙公約作りに協力することになった。

ニュージャージー州知事

一九一〇年九月十四日、ニュージャージー民主党大会はウィルソンを州知事候補に指名した。翌日、彼は会場にあらわれ、受諾演説のなかで当時の革新主義▲の主張に近い諸政策▲を力説した。一方、そのころウィルソンは、学長として提案していた大学院問題に関して劣勢に立っていた。さらに彼が州知事選に出馬したため、選挙前の十月二十日、理事会はウィルソンに学長辞任を迫った。十一月八日には、彼は五四％の得票率でニュージャージー州知事に当選した。

一九一一年一月十七日、ウィルソンは州知事となり、就任演説で選挙公約の多くにふれ、第一に労働災害対策法を推進することを約束した。また、企業規制の強化、公益事業に対する監督委員会の設置、税制改革、連邦上院議員の直接予選▲、イニシャティヴ、レファレンダム、リコール（住民による公職者の解職

▼**革新主義**　二十世紀初めのほぼ二十年間に有力となった政治改革運動。政治の粛正、産業規制や税制改革、女性参政権などを主張し、都市改革、州政治改革に貢献した。

▼**諸政策**　行政組織の合理化および再編、政治腐敗の防止、課税の平等、企業への一定の規制、電力・鉄道など公益事業の料金規制、労働災害への経営者責任の追及、自然資源の保護など。

▼**連邦上院議員の直接予選**　一九一三年五月に憲法修正第一七条で実現したが、それまでは連邦上院議員を州議会で選出したり、州知事が任命したりしていた。

▼**連邦所得税のための憲法修正案**　一九一三年二月に憲法修正第一六条で実現した。

▼**革新主義州知事**　ウィスコンシン州知事、ロバート・M・ラフォレット(一八五五〜一九二五)がその代表的な人物である。州の公務員制度改革、鉄道など企業の規制、課税強化などをおこなった。

▼**セオドア・ローズヴェルト**(一八五八〜一九一九、第二十六代大統領、在任一九〇一〜〇九)

請求)制などの立法も約束した。さらに彼は就任後まもなく、ニュージャージー州最高裁にはじめてユダヤ系の人物を判事として任命した。反発を抑えたその任命は、ユダヤ系への偏見が強かった時代には画期的なことだった。

現実の立法過程でもウィルソンは、連邦上院議員の直接予選法案成立に向けて指導性を発揮したほか、政治腐敗防止法や公益事業委員会法を実現させた。食品検査法、工場労働条件監督法、女性及び児童労働制限法なども彼の尽力で成立した。しかしその一方、連邦所得税のための憲法修正案▲を州議会に批准させることには成功しなかった。当時は各地で革新主義者が州知事▲の座にあり、ウィルソンの政策の先例をつくっていた。

このような革新主義の動きは全国政治においてもみられた。一九〇一年九月、マッキンレー大統領が暗殺され、大統領に昇格したセオドア・ローズヴェルト▲は、その後七年半にわたって、強い政府をめざして、トラストないし独占企業の規制に乗り出していた。また、企業の検査権限を持つ会社局を設置し、食品や薬品の品質確保のための法案を成立させ、あるいは鉄道料金規制や自然資源保護を進めた。さらに大規模な炭鉱ストライキが起こると、彼は労使双方の調停をはかり、賃金引き上げや労働時間短縮など労働者に有利な結果を引きだした。

民主党大統領候補

このような当時の革新的な機運の高まりから、民主党は革新的で知名度のある候補を探すことをめざした。一部の人々は一九一一年の初めからウィルソンを推薦しようとした。同年三月に民主党の何人かの有力指導者が彼と会談し、その出馬を促した。同じころ有力者の一人、元大統領候補のブライアンがプリンストンの神学校で講演することになり、ウィルソンは妻エレンの示唆でブライアンを自宅にまねいた。そこで大統領候補問題が話し合われただろうことは十分に想像できよう。アメリカの大統領選は、選挙の前年あるいはもっと前から候補探しが始まり、選挙の年の初めから各州で予選がおこなわれる。その後、夏ごろまでに各党の党大会で候補が決定され、夏から選挙のおこなわれる十一月初めまで激しい選挙戦がおこなわれる。十一月の第一月曜日の次の火曜日に本選がおこなわれ、そこで多数をえた党の選挙人票(各州の連邦上院・下院議員数の合計）の多数をえた側の候補が当選する。形式的には、十二月に選挙人が各州都に集まって投票する。

こうして、以前とは心境を変化させたウィルソンは大統領候補になることをめざし、州議会が終了した一九一一年五月、西部各地へ一カ月ほど遊説の旅に出た。その演説内容は、政治改革の推進、労働災害法や工場安全法などの立法、労働組合の支持などだった。このような主張をみて、かつて彼を大統領に推そうとして、『ハーパーズ』の裏表紙に「ウィルソンを大統領に」と印刷し続けてきたハーヴェイはそれを中止し、同年十二月の会食を最後にウィルソンとの関係を絶った。保守的とみなしていたウィルソンが、革新派の立場をとるようになったためであろう。ただし両者の関係はもう少し続いたとの説もある。

一方そのころ、民主党の大物である下院議長クラーク▲が大統領選への立候補を表明した。一九一二年一月には、全米各地で新聞を発行しているハースト▲がクラーク支持を打ち出し、デマを含めてウィルソンを批判する記事を掲載しはじめた。同時に始まった各州の予選で、クラークはウィルソンを上回る支持を集め、多くの人々がクラークの勝利を予測した。

▼**ジェームズ・クラーク**（一八五〇～一九二一、在任一九〇八～一九一九）　一八九〇年代から下院議員を務め、有力政治家として勢力をふるった。

▼**ウィリアム・R・ハースト**（一八六三～一九五一）　新聞王の一人として、米西戦争の時、扇情的な報道をしたことで有名である。

●—党大会の様子(一九一二年)

さらにウィルソンには難しい事態が生じていた。セオドア・ローズヴェルトが一九一二年二月に大統領選に出馬すると表明したのである。すでに、事実上、大統領職を二期務め、後任人物を推薦して引退した人物がふたたび大統領選に出馬することは、前例のないことだった。ローズヴェルトがあらためて共和党の指名をえるのか、あるいは前年から共和党内につくられた革新派組織が分裂して第三党を結成し、彼がその代表として出馬するのか、事態は流動的だった。共和党が分裂すれば、民主党は一六年ぶりに政権を奪還できるかもしれない。しかしローズヴェルトが共和党候補となれば、実績や国民的人気の高さから、民主党は敗れるかもしれなかった。

民主党は一九一二年六月二十五日に党大会を開いた。第一回の大統領候補指名投票では予想どおりクラークが優位に立ったが、まだ半数に達しなかった。何度も投票が繰り返され、一〇回目には彼が過半数を獲得したが、大統領候補となるには三分の二以上が必要だった。一四回目の投票にいたって、その動向をうかがっていたブライアンが自州ネブラスカの代議員に、支持をクラークからウィルソンに変更するよう指示した。ここから票の動きが変わりはじめたが、投票は延々と繰り返され、七月二日の四六回目の投票でようやくウィルソンが候補に決まった。

一方、共和党は六月二十二日に現職のタフト▲を指名した。これに対して、ローズヴェルトは党内革新派を引きつれて離党し、新たに革新党を結成して自ら候補となった。こうして一九一二年の大統領選は、タフト、ウィルソン、ローズヴェルトの三つ巴の争い▲になった。

民主党は選挙公約として、年来の主張である関税引き下げ、反トラスト法の強化を掲げたが、具体策は明示していなかった。労働者の権利強化の公約も、ストライキ差し止め命令を改正する程度のことしかふれていなかった。また、おもなテーマではないが、大統領の任期を一期に限るよう憲法修正を提唱し、さらに、共和党の「帝国主義政策」に反対し、フィリピンの独立を推進せよとも主張していた。

選挙戦の本格化

八月に入って革新党が正式に結成され、民主党より明確な革新主義の諸政策

▼**ウィリアム・タフト**（一八五七〜一九三〇、第二十七代大統領 在任一九〇九〜一三） フィリピン総督、陸軍長官などを歴任し、大統領退任後は、最高裁判事になった。

▼**三つ巴の争い** 他に社会党のユージン・デブス（一八五五〜一九二六）や禁酒党の候補もいた。

▼**レッセフェール**　自由放任主義。国家が干渉せず、自由な経済活動に任せれば、おのずと経済が進展するという考え方。

が公約された。大きな争点となった大企業ないしトラスト対策をみると、革新党は会社組織への強力な規制、そのための連邦行政機構の設立、シャーマン反トラスト法の強化を主張していた。しかし同時に革新党は、企業の集中は能率の点から不可避かつ必要なことだとも論じていた。

この点ウィルソンは、大企業自体が悪いわけではないがトラストは許されるべきではなく、独占は不可避ではないと主張した。さらに彼は、独占を阻止するためには新たな立法が必要であると述べ、ローズヴェルトの在任中のトラスト対策はまったく不十分だったと批判した。ウィルソンによれば、「政府が独占を規制するというが、独占が政府を規制している」状態だった。

他方ローズヴェルトは、年来の見解である「良いトラスト」と「悪いトラスト」の主張を展開し、後者への規制こそが重要であると力説し、ウィルソンの経済観を古いレッセフェール論▲だと非難した。このような両者の主張は、客観的にみれば力点の相違というべきもので、それほど大きな差があったとは考えられない。

しかし両者の基本姿勢には無視できない相違があった。ウィルソンの主張は

「新しい自由」というスローガンにまとめられ、ローズヴェルトのそれは「新しいナショナリズム」だった。国民と国家のどちらに力点をおくのかということであり、国家ないし政府の側からみるのか、国民の立場を重視するのかという違いである。しかしウィルソンは単純に国民の自由を主張していたわけではない。これらのスローガンは、二人の違いをきわだたせるために造られたものだといっても過言ではないだろう。

両者の違いが明確だったのは、選挙の大きな争点とはならなかったが、女性参政権の問題だった。革新党はその支持を公約したが、民主党はそれにふれず、ウィルソンもそれは州の問題だとした。また彼は意識的に、ローズヴェルトを第三党あるいは新党の候補と呼び、革新党候補とはいわなかった。ウィルソンは、「革新」の担い手は自分であり、ローズヴェルトではないと印象付けたかったのだろう。

十月半ば、ローズヴェルトが撃たれるという事件が起こった。命は助かったが数日間入院し、その後二週間ほど自宅療養することになり、彼の選挙運動は事実上終わった。それが投票行動にどのような影響したかはわからないが、同情票が増えることも考えられ、少なくともウィルソンに有利に働いたということはなかっただろう。

十一月五日の選挙結果▲はウィルソンの圧勝だった。彼は四八州中の四〇州で勝利し、一般投票で六三〇万票弱、選挙人票で四三五票をえた。一般投票の総数に対するウィルソンの得票率は四二％弱であり、国民の過半数の支持はえられなかった。もしローズヴェルトが共和党の候補だったら、ウィルソンは敗れたかもしれない。しかし同時におこなわれた上下両院の選挙では、民主党は二〇年ぶりに双方の多数を握った。ともあれ、民主党が国民の多数の支持をえたわけである。

関税引き下げ、連邦準備銀行創設

まずウィルソンがなすべきことは閣僚の選任だった。それに大きく関与したのがハウス▲、通称ハウス大佐である。彼はテキサス時代から民主党の政治にかかわり、ニューヨークへ移ってからも民主党の政治家との交流を深め、ニュージャージー州知事となったウィルソンとも知り合いになっていた。

▼**選挙結果**　ローズヴェルトは六州、四一二万票弱、八八票、タフトは二州、三四九万票弱、八票だった。デブスも前回に倍する九〇万票強を獲得した。

▼**エドワード・ハウス**（一八五八〜一九三八）　非公式の政治顧問として、特にウィルソンの外交に関与した。「大佐」という敬称はテキサス時代に州知事選出などに大きな影響力をおよぼしたころから使われはじめたが、その根拠は明らかではない。アメリカではしばしば、正式にそうした地位についたことのない人物にもこのようなタイトルをつけることがある。

大統領ウィルソン（左）と前大統領タフト（右）

ハウスは財務長官や司法長官をウィルソンに推薦したといわれるが、国務長官については当初からウィルソンがブライアンを考え、ハウスが同意したといわれる。ウィルソンはハウスにも閣僚就任を求めたが、彼は健康を理由にあくまで助言者にとどまることを主張した。一九一三年一月十四日、ウィルソンはニュージャージー州知事として最後の演説をおこない、残る立法計画として、前述の憲法修正第一六条（連邦政府の所得税課税権）と一七条（連邦上院議員の直接選挙制）の批准を求めた。前者は二月初めに批准されたが、後者はウィルソンの在任中には成立しなかった。しかし彼が大統領に就任してから約二週間後に批准された。

三月四日、ウィルソンは第二十八代大統領に就任した。翌日、初の閣議を開き、以後十一月までは週二回、その後は週一回ずつ会議をおこなった。このように比較的頻繁に閣議をおこなったものの、彼は各閣僚の仕事にはあまり干渉せず、多くをまかせたといわれる。また、憲法上は議会開催を十二月まで遅らせることもできたが、ウィルソンは四月初めに開催することにした。立法過程に大統領が積極的に関与することをめざしたためだった。こうして彼は、四月

▼**自ら演説する**　ジェファソン以来、歴代大統領は直接には議会の場にあらわれず、メッセージを送るのみだった。

▼**保護関税廃止の法案**　下院の歳入関連委員会の委員長オスカー・アンダーウッド(一八六二〜一九二九)が法案提出者となったため、一般にアンダーウッド関税法と呼ばれる。

八日に開催された議会の合同会議において自ら演説する▲という、ほとんど前例のないことをおこなった。

ウィルソンがまず取り組んだのは第一の選挙公約である関税引き下げであり、平均一〇%の引き下げおよび相当数の品目の保護関税を廃止する法案▲を提出した。さらに同法案には、四〇〇〇ドル以上二万ドルまでの所得に一%、五〇万ドル以上に最高税率六%を課すという所得税の項目も含まれていた。法案は五月八日に下院を通過したが(二八一対一三九)、保守・革新両勢力が入り乱れた上院では難航した。同趣旨の上院案に対して、共和党革新派のラフォレットは所得税の最高税率を一〇%にあげるよう主張した。妥協案として七%という数値が示され、ウィルソンがそれを支持するメッセージを送って、法案成立を働きかけた。成立までにはさらに時間を要したが、九月九日に上院において小差で承認された(四四対三七)。下院案とのすり合わせののち、十月三日にウィルソンが署名してこの関税法は成立した。それは、一八五七年以来の実質的な関税引き下げであり、平均関税率はおよそ二六%になった。

第二にウィルソンが取り組んだのは銀行改革だった。一九一二年の選挙のころ、共和党側が中央銀行▲設立をめざす法案を提出し、民主党はそれに反対していた。そこで、なにか新しい銀行制度を提案することがウィルソンの急務だった。民主党内にはいくつかの案があり容易にまとまらなかったが、彼は六月十一日にブランダイス▲をまねき、その提案を支持した。一週間後、ウィルソンは財務長官はじめ数名の議員をホワイトハウスにまねき会談したほか、二十五日には銀行家協会の代表とも会談した。こうして彼は、まとまった成案を二十六日に上下両院の銀行委員長をつうじて議会に提出した。

　それは一つの中央銀行を設けるのではなく、全米を一二の地域に分け、それぞれに発券機能をもつ準備銀行を設立し、それらを統括する理事会をおくというものだった。理事会は七人から成り、その長は連邦準備制度理事長として、諸国の中央銀行総裁に相当する権限をもつことになった。この連邦準備法は九月十八日に下院を通過したが(二八五対八五)、上院では難航した。ウィルソンは十月十六日、強硬に反対する三人の民主党議員をまねき説得に努めた。こうして、十二月九日にようやく上院において法案が通過し(五四対三四)、最終的には十二月二十三日に成立した。この法律は今日まで続くもので、ウィルソン

▼中央銀行　第七代大統領であるジャクソン大統領(五九頁参照)が第二合衆国銀行の営業免許更新を拒否したため、一八三六年以降アメリカには中央銀行が存在しなかった。

▼ルイス・ブランダイス(一八五六〜一九四一)　弁護士、裁判官。彼はウィルソンの大統領選挙戦時代から、その政策形成にいろいろ助言していた。また彼は、一九一六年、ウィルソンによって初のユダヤ系として最高裁判事に指名され、二三年間在任した。

の立法上の最大の勝利だともいわれる。

反トラスト法強化、連邦取引委員会設置

次に取り組むべき問題は、選挙戦の主要争点だったトラスト・独占問題だった。ウィルソンは一九一三年十二月二日に最初の年次教書で、シャーマン反トラスト法を補完し、明確化する新立法を要請した。翌年一月二十日の両院合同会議の場で、彼は反トラスト問題を取り上げ、いくつかの事項を新立法に含めるよう求めた。企業が公式または非公式に結合し、競争を阻害する重役相互派遣を禁止すること、州際通商委員会を強化して、資本統合も多々みられる鉄道の財務を監督すること、一般企業の取引制限や競争の阻害を防止するための監視機関となる組織を設置することがおもな内容だった。

これを受けて下院司法委員会のクレイトン▲委員長は、競争制限になる相手企業の株式取得、相手を打倒するような価格設定、取引相手によって異なる差別価格、排他的な取引契約などの禁止を盛り込んだ法案を四月十四日に提出した。さらに同法案には、労働組合や農業協同組合を反トラスト法適用から除外する

▼ヘンリー・クレイトン・ジュニア（一八五七〜一九二九）　民主党下院議員。一九一四年に退任後、アラバマ州の連邦地裁判事となった。

▼**アメリカ労働総同盟**(AFL) 一八八六年に諸労働組合の連合体として創設され、今日なおアメリカ最大の組合組織である。

▼**クレイトン反トラスト法** AFL初代会長、サミュエル・ゴンパース(一八五〇～一九二四)はこの時、同法を「労働者のマグナカルタ」だと非常に喜んだといわれる。

項目が含まれていた。シャーマン法の「取引制限の不当な結合」という文言は、労働者の団結にも適用されてきた。組合指導者が同法違反で、投獄あるいは罰金を科されることもあった。アメリカ労働総同盟(AFL)はシャーマン法適用に反対する活動を展開し、一四年の初めから強力なロビー活動をおこなった。その主張のポイントは人間の労働は通商の商品ではないということだった。

ともあれ、この法案は六月五日に下院を通過した(二七五対五四)。上院ではやや難航し、法案にある刑事罰条項が除かれ、九月二日に通過した(四六対一六)。さらなる修正案が十月五日に上院を通過し(三五対二四)、三日後には下院において承認され(二四四対五四)、十五日にウィルソンが署名してクレイトン反トラスト法が成立した。しかし彼は法案が難航していたころ、積極的に法案成立に向けて働きかけなかったといわれる。そのおもな理由として、第一次世界大戦が勃発する時期だったこと、個人的に彼が苦しい状況にみまわれていたことがあげられる。

それは、妻エレンを失ったことである。彼女は一九一四年の二月ごろから体調を崩し、八月七日、まだ五四歳の若さで亡くなった。三〇年近く連れ添ってきた妻の死は、ウィルソンには非常な打撃だったといわれる。また、三カ月前の五月七日には子供が結婚するという慶事もあった。しかし、それはいささか複雑なもので、ウィルソンと七歳しか違わない五〇歳の財務長官マカドゥー▲が二四歳の末娘と一緒になったのである。結婚式はホワイトハウスであげられた。

ウィルソンは長く妻の喪に服していたわけではなかった。エレンの死から七カ月ほどのちの一五年三月、彼は未亡人のエディス・ガルトを紹介され、最初の出会いから強く惹かれた。五八歳のウィルソンは四二歳のエディスと何度か会い、頻繁に手紙を送った。彼は五月にプロポーズ▲したが、エディスは、まだ先妻の死から一年も過ぎていないとして、いったんは断った。しかし二人はその後も頻繁にデートをかさね、手紙をやり取りし、十二月十八日に結婚した。結婚式は、双方が再婚であり、また先妻の死から日が浅いことから、ホワイトハウスではなくエディスの家でおこなわれた。式に参列したのは家族のみだった。

経済関係立法の最後に取り上げるべきものは、クレイトン法と対をなす連邦取引委員会法である。ウィルソンは一九一四年一月の議会演説で、反トラスト

▼ウィリアム・マカドゥー（一八六三〜一九四一、在任一九一三〜一八）弁護士として、鉄道会社の合同などにかかわった。一九一二年のウィルソン選出にも大きく貢献した。

▼プロポーズ　当時、良家の子女として育った女性は最初の求婚を断るのが普通であり、彼女がウィルソンを嫌ったわけではなかったといわれる。

●ウィルソンとその家族　前列、ウィルソンの隣が妻エレン。後列左から次女ジェシー、三女エレノア、長女マーガレット。

●エディス・ガルト

政策のための何らかの組織を設けることを求め、それを調査機関にとどめるか、規制権のある組織にするかは議会にまかせた。三月、下院通商委員会に新組織を調査機関とする法案が出されたが、同時に規制権も与える修正案が出され、それが下院で認められた。

ウィルソン自身も当初は調査機関にとどまることを認めていたが、次第に規制権を持たせる方向にかたむいた。六月はじめ、彼は関係する上院議員に働きかけ、同月十日には上下両院の通商委員会指導者を呼び、さらにあと押しした。こうして九月二日に上院で取引委員会法案がクレイトン法と同時に同じ票数で通過した。八日後、それは下院において発声投票▲で成立し、二十六日にウィルソンが署名した。これらウィルソン政権が成立させた経済関係法は今日まで続く重要な立法であり、それらが一会期中に成立したのは珍しいことである。

▼**発声投票**　それほど対立がないと思われる場合、票数を数える必要はないとして、賛成・反対を口頭でおこなうやり方。

メキシコ革命への干渉

ウィルソンは経済関係の立法に力をそそいでいたころ、メキシコの動向にも悩まされていた。メキシコでは一九一〇年から革命運動が始まり、権力者が

▼**メキシコの権力者**　一九一一年五月、それまで三五年にわたって独裁的権力をふるったポルフィリオ・ディアス(一八三〇～一九一五、在任一八七六、七七～八〇、八四～一九一一)が倒され、十一月に自由主義者、フランシスコ・マデロ(一八七三～一九一三、在任一九一一～一三)が大統領になった。しかし彼は一三年二月に暗殺され、クーデターの指導者、ヴィクトリアーノ・ウェルタ(一八五〇～一九一六、在任一九一三～一四)がその座についた。

▼**ベヌスティアーノ・カランサ**(一八五九～一九二〇、在任一九一五～二〇)　地主出身だがメキシコ革命にかかわり、大統領としては農地改革など進歩的な政策をある程度進めたが、反対派に暗殺された。

次々とかわり、内乱状態になっていた。就任まもないウィルソンは一三年三月十二日、法に基づいた正統政府ではないとしてウェルタ政権を承認しないと声明した。アメリカの財界などには同政権を承認すべきだという声もあり、ヨーロッパには承認する国もあらわれた。七月末、ウィルソンは駐メキシコ大使をワシントンに呼んで会談したが、大使は政権承認を主張した。そこで彼は大使を辞任させ、特使をウェルタのもとに派遣したが、望ましい結果をえられなかった。八月二十七日、ウィルソンは議会において、大統領として初の外交関係演説をおこない、事態の平和的解決、武器輸出の否定などを強調した。この演説には、自由な国民の意思によって選出された政府をよしとするウィルソン外交の理想主義的な態度が示されていた。

その後メキシコでは十月二十六日に選挙が予定されていたが、立憲主義者のカランサは公正な選挙が望めないとして選挙への参加を拒否した。ウィルソンはウェルタの辞任を迫った。さらにウィルソンは一九一四年一月末、カランサら立憲派を反ウェルタ勢力として認め、二月三日には同勢力に対して武器禁輸を解除することを決定した。ウィルソンはメキシコへの干渉を容認する方向にかたむきはじめたのである。

一九一四年四月九日、ウェルタ支配地域のタンピコ▲で、無断で上陸したアメリカ水兵をメキシコ軍が逮捕するという事件が起きた。メキシコ側はすぐ釈放して謝罪したが、現地のアメリカ艦隊司令官は、アメリカの国旗を掲げ二一発の礼砲を撃つことを要求した。メキシコ側はそれを拒否し、双方の軍隊がにらみ合う状況になった。ウィルソンはヴェラクルス▲へ艦隊を送り、圧力をかけようとした。

同月二十日、ウィルソンは議会でメキシコ情勢について演説し、艦隊派遣は戦闘のためではなく、ドイツの船がウェルタ軍への武器輸送でヴェラクルスに入港するとの情報があり、それを阻止するために同港を封鎖するのだと説明した。議会は圧倒的多数で、大統領の軍事力行使を承認した。翌二十一日、海兵隊がヴェラクルスに上陸し、翌日には五隻の戦艦を含む艦隊が港に入り、三〇〇〇人の兵士が上陸した。二日間にわたって両国の軍隊が戦闘を繰り広げ、双方に相当数の戦死者▲が出た。ウェルタはただちにアメリカとの断交を宣言し、反対勢力のカランサもアメリカの侵略を非難した。

▼タンピコ　メキシコ湾に面した町。メキシコシティから北東へ三〇〇キロほど。

▼ヴェラクルス　タンピコから南東へ四〇〇キロほど離れており、メキシコ湾に面している。

▼戦死者　メキシコ側一六〇人前後、アメリカ側一七人といわれる。

この事態に対し、アルゼンチン・ブラジル・チリのＡＢＣ三国が調停を申し入れ、ウィルソンも四月二十五日にそれを受け入れた。調停会議は五月にナイアガラ・フォールズ▲でおこなわれ、双方が撤兵し、ウェルタがカランサに譲歩▲することが定められた。八月二十日にはカランサがメキシコシティに入って、権力を掌握することになり、ヴェラクルス事件またはタンピコ事件はひとまず解決した。

しかしメキシコ情勢はなお安定しなかった。革命勃発以後、中央権力は次々と代わったが、北部はヴィリャ▲、南部はサパタ▲が実質的に支配していた。一九一五年十月、ウィルソンがカランサを事実上の大統領として承認すると、ヴィリャはアメリカを敵視しはじめ、翌一六年一月には、山賊化した彼の軍勢がメキシコ北部のチワワで、アメリカ人数名を殺傷した。三月九日には、彼らは五〇〇人近い勢力で国境をこえて、ニューメキシコ州コロンバスの米軍キャンプを攻撃▲し、街中で乱射・放火をおこない、十数人を殺した。ウィルソンはヴィリャを逮捕するため、カランサ側に通告のあとパーシング将軍▲率いる四〇〇〇人の懲罰遠征隊▲を送って、チワワ地域でヴィリャ捜索にあたらせた。

▼ナイアガラ・フォールズ　ナイアガラ瀑布のある町。ニューヨーク州に属し、対岸はカナダ。

▼譲歩　七月、ウェルタは辞任し、フランスへ亡命した。

▼フランシスコ・ヴィリャ（一八七七～一九二三）　貧農出身の革命家。通称、パンチョ・ヴィリャ。

▼エミリアーノ・サパタ（一八七九～一九一九）　小農出身の革命家。徹底した土地改革を支配地域で進めたが、暗殺された。

▼コロンバスの米軍キャンプ攻撃　ヴィリャ側は六〇～一二〇人の死者を出した。

▼ジョン・パーシング（一八六〇～一九四八）　陸軍士官学校出身。その後、多くのアメリカの軍事行動に参加し、のちには陸軍参謀総長となった。

▼懲罰遠征隊　最終的には一万一〇〇〇人にのぼった。

これに対して、カランサ政権は主権侵害として強硬に抗議し、一時はアメリカ軍とカランサ軍が衝突し、相当数の死傷者が出た。懲罰隊は一九一七年一月末まで軍事行動を展開したが、ヴィリャを逮捕できなかった。そのころ、アメリカは第一次世界大戦への参戦が予測される情勢にあり、ウィルソンは方針を転換し、カランサ政権と外交関係を開き、メキシコからの撤兵に応じた。

他の中米諸国への介入

ウィルソン政権はさまざまな事情からほかの中米地域の国々にも介入した。まずニカラグアだが、前タフト政権によって一九一〇年、一二年に同国へ海兵隊が派遣され、ウィルソン政権もそれを継続した。国務長官のブライアンが条約交渉を進め、一四年八月にブライアン・チャモロ条約▲がまとまった。借款の返済までアメリカ海兵隊が駐留することになり、二五年までつづいた。

ドミニカ共和国では一九〇四年から、借款の返済問題にからんで、関税収入をアメリカが管理することになっていた。その実施にともない、若干の海兵隊が四年ほど派遣され、その後一二年にふたたび派遣された。しかしドミニカの

▼ブライアン・チャモロ条約　これにより、アメリカがニカラグアに運河を掘削し、海軍基地を建設するなどの権利を与えられたが、いずれも実現しなかった。なおエミリアーノ・チャモロ（一八七一～一九六六）は当時ニカラグア側の駐米公使、のちに大統領。

政情は不安定なままで、ウィルソンは一四年七月、対立勢力間の調停とアメリカ監督下の選挙を提唱した。しかしそれは実現せず、一六年五月にアメリカは軍を送ってドミニカを支配下におき、二四年まで保護国化した。

さらにハイチも以前から混乱状態にあり、一九一四年半ばにはブライアンが同国税関をアメリカが接収することを提案し、ウィルソンもそれに同意した。ハイチの混乱は続き、彼は一五年一月に、アメリカの関与を求める条約の締結を要求したが、ハイチ側に拒否された。七月にアメリカ人の死者が出たことを契機にアメリカは軍事行動を展開し、同国を事実上の支配下▲においた。

このようなウィルソンの中米諸国への介入は、ローズヴェルトの「棍棒政策▲」の単なる延長というわけではない。ウィルソンの政策はしばしば「宣教師外交▲」といわれ、立憲政治を相手国に承知させようとする一種の宗教的義務感をともなっていたとされる。彼は、相手国にも「国民の自由な意思によって選出された政府」がなければならないという信念をいだいていたのである。

▼**事実上の支配下**　アメリカ海兵隊はその後一九三四年まで駐留を続けた。

▼**棍棒政策**　彼が「棍棒」つまりアメリカの軍事力、特に海軍力を用いて中米諸国に介入したことを指す。なお「棍棒」とは、彼がよく引用したアフリカの諺によるものだといわれる。「物柔らくしゃべり、棍棒をもっていれば、遠くまで行ける」というものだが、この話への異論もある。

▼**宣教師外交**　ウィルソン自身が宣教師だったことはないが、対メキシコ政策や第一次世界大戦時の十四カ条や国際連盟創設への熱意など、アメリカの理念を熱心に主張したことから、このように評される。

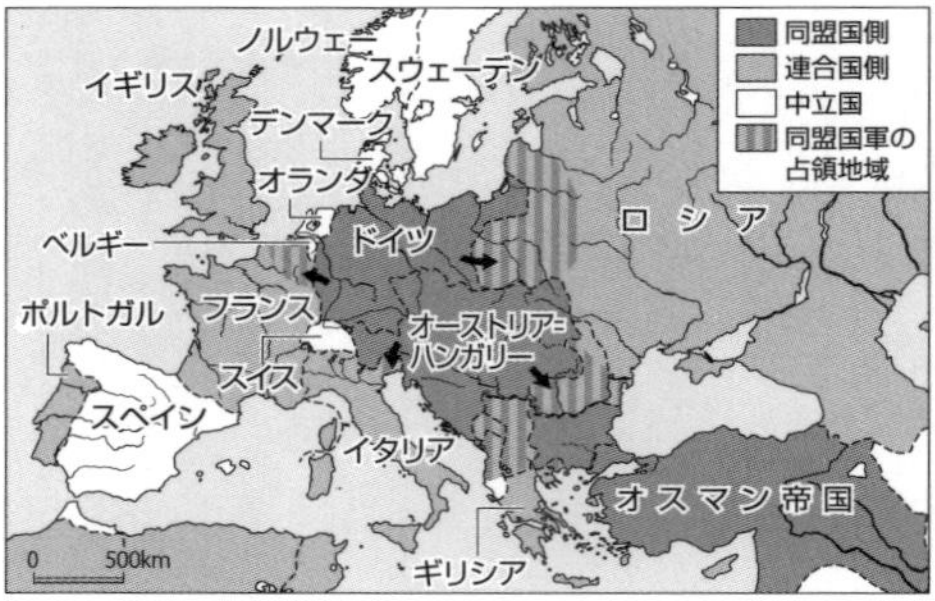

第一次世界大戦中のヨーロッパ

③―第一次世界大戦参戦への道

第一次世界大戦とアメリカ

一九一四年六月二十八日、オーストリア＝ハンガリー帝国の支配下にあったボスニアでセルビア人青年がオーストリア皇太子を暗殺した(サライェヴォ事件)。オーストリア＝ハンガリー帝国は一カ月後にセルビアに宣戦を布告した。セルビアを支持していたロシアが戦争動員体制を強化すると、オーストリア＝ハンガリー帝国と同盟関係にあったドイツが八月初めにロシア、ついでフランスに宣戦布告した。そこでロシア、フランスと協商関係にあったイギリスがドイツに宣戦を布告した。こうして第一次世界大戦が始まった。

このようなヨーロッパの激動に対して、ウィルソンは八月四日に中立を宣言した。十八日、彼は記者会見で「合衆国は事実においても名目上も中立でなければならず、また行動においても思考においても公平・不偏でなければならない」と述べた。十二月に彼は二回目の年次教書を発表し、中立維持とともに国防強化を訴え、陸海軍増強を求めた。一方、交戦国からの軍需品注文、銀行借款の申し込みに対し、それらに応ずることは中立の精神に反するという声もあったが、ウィルソンはそれらの経済活動を容認した。またそれは、海運業に優れたイギリスに有利に働くことになるが、彼も多くの国民も心情的にイギリスなど連合国にかたむいていた。

一九一五年二月初め、ドイツはイギリス周辺海域を戦闘地域に指定し、敵対国・中立国を問わずその海域を通る船舶を撃沈すると宣言した。これはアメリカとドイツの外交関係を危うくするものだった。ウィルソンは慎重に考慮したのち、ドイツに「断固たる責任」を追及するという通牒を送った。翌月にはイギリスがドイツの海上封鎖を実施しはじめた。イギリスの敵国向けの禁輸品には、綿花や銅などイギリス経由のアメリカの輸出品も含まれた。アメリカはそれに抗議して、国務省の強硬な素案をウィルソンがやわらげた抗議文を送った。イギリスはアメリカとの対立を避けるため、綿花を禁輸品から除外した。

このころから、アメリカ商船がドイツ潜水艦の攻撃を受けはじめたが、大きな被害は出なかった。しかし三月末にイギリスの客船ファラバ号が攻撃され、乗っていたアメリカ人一人が死亡した。ウィルソンはドイツに、中立国市民の

▼ルシタニア号の犠牲者　この数は、乗員・乗客の六割にのぼる。

安全を守り国際法を尊重せよという強い抗議文を送ることを提案したが、国務長官ブライアンは戦争になることを恐れ、調停をめざすべきだと反対した。ウィルソンがそれに反対した結果、覚書を送らない方が良いということになった。このように、対ドイツ覚書に関してウィルソンと国務省は、時に強硬、時に柔軟な態度をとりつつ、双方の見解を調整したのである。

五月七日、さらに被害の大きな事件が起きた。イギリスの客船ルシタニア号が撃沈され、一一九八人▲が死亡し、そのうち一二八人がアメリカ人だった。ただちにウィルソンは、ドイツに対して謝罪と賠償を求める抗議通牒を送ることを主張し、「市民の権利を守り、国際法上の義務を全うするためには、必要な行動をとるであろう」という意味の文案をつくった。ブライアンは文面をやわらげて戦争を回避すべきだと主張し、両者の間で何度かのやり取りがなされたすえ、十三日にウィルソンの考えによる抗議文がドイツに送られた。

同月二十八日、ウィルソンはドイツからの返書を受け取った。そこには、ルシタニア号が武器を積み、武装していたという主張とともに、ドイツの自衛行動だという正当化があった。ウィルソンは前回より強硬な第二通牒の下書きを

▼**ロバート・ランシング**(一八六八〜一九二八、在任一九一五〜二〇)国際法の専門家として、一四年から国務省の顧問となっていた。一七年の日本との石井＝ランシング協定の当事者である(八三〜八四頁参照)。石井菊次郎(一八六六〜一九四五)は外交官、貴族院議員。

始め、「ルシタニア号撃沈は人類の原理にかかわる」というような文章を記した。しかしブライアンは、それは戦争の危険を高めると反対し、意見がいれられなければ辞任するとほのめかした。ウィルソンはその意見に従う気はなく、六月七日、ブライアンの辞任を認めた。二日後ウィルソンは、ドイツに非武装の客船・商船への攻撃を止めよと要求する強い文面の第二通牒を送った。国務長官代理として親連合国派のランシング▲が副署した。彼は翌十日に国務長官に任命された。

このころからウィルソンは、外交関係の意思決定をおもに自分でおこなうようになった。七月八日にドイツから、中立国と明示された船舶ならば航行を認めるという返書がもたらされた。ウィルソンは二十一日に第三通牒を送り、今後アメリカの権利が侵害された場合には、意図的な非友好的行為とみなすと通告した。またそのころ、アメリカにおけるドイツ人スパイの行動が暴露され、新聞に掲載された。

八月十九日、ドイツはイギリス船アラビック号を沈没させ、二人のアメリカ人を含む四四人を死にいたらしめた。ウィルソンはそれに抗議し、ドイツに賠償を要求した。ドイツはそれに応じる姿勢を示し、今後は警告なしに攻撃しないという「アラビック誓約」をおこなった。九月二十二日、ウィルソンは一時ヨーロッパから帰国したハウス大佐と会談し、「おそらくアメリカはドイツの軍国主義と闘うため、戦争をしなければならないだろう」と述べたといわれる。一方ランシングは、ウィルソンが知らないうちにドイツ大使に断交の脅しをかけた。ドイツ大使は十月五日、アラビック問題の責任の一部を否定しつつも、賠償に応ずるとの文書をランシングに提出し、事件の鎮静化をはかった。

一九一六年一月二日、ドイツはイギリス船ペルシア号を撃沈し、二人のアメリカ人が死亡した。この件についてドイツは、一応、アメリカ人の死を悼むという趣旨の文書を送ったが、国務長官ランシングは以前のルシタニア号事件の全面的な謝罪を求めた。ランシングはドイツに対して強硬な覚書を送ることを主張したが、ウィルソンがそれを抑えた。三月二十四日、ドイツはフランス船サセックス号を攻撃し、アメリカ人四人負傷を含む八〇人の死傷者が出た。

ウィルソンは「アラビック誓約」を守らないドイツに強い怒りを覚えたが、時間をかけてドイツへの対応を考慮した。その結果、彼は四月十八日、潜水艦攻撃を中止しなければ断交するという強い文面の通牒を送った。翌日、ウィルソンは議会の合同会議で演説し、その内容を説明したが、議員たちの反応は静かで、拍手もわずかだった。民主党議員の多くは、依然として平和的妥協を主張する前国務長官ブライアンの指導に従っていたといわれる。彼は三回も民主党大統領候補になるなど、党の重鎮だったのである。

これに対しドイツは、アメリカへの五月四日と八日の二通の返書で、サセックス号事件を謝罪し、今後は警告なしの攻撃はおこなわないと述べた。しかしそこには、アメリカがイギリスの海上封鎖解除に助力することを求める条件もついていた。「サセックス誓約」によって、アメリカ・ドイツ間の交渉はひとまずウィルソンの勝利とされ、一年あまりの潜水艦攻撃による危機は一段落したのである。

一九一六年の選挙

このころアメリカでは大統領選の活動が本格化していたが、ウィルソンが再選をめざすことは既定の事実だった。彼は選挙公約として、戦争に対する中立維持を強調するとともに、すでに進行中の立法も含めて、前回の選挙で革新党が公約した社会労働関係の項目を取り入れた。最低賃金や八時間労働日の制度化、労働者の安全と健康維持、児童労働禁止、女性労働者の保護などである。女性参政権についても、彼は以前より積極的に各州がそれを推進するよう主張した。

これらはいずれも民主党の公約となり、一九一六年六月十四日から三日間セントルイスで開かれた党大会で、投票なしでウィルソンが指名された。公約文書では、まずウィルソン政権の成果が称賛され、諸改革によって経済的自由が拡大されたと強調されたのち、労働関係のいっそうの改革が約束された。対外関係については、ウィルソンが中立を維持し、今後の世界の安定と平和▲に努めていると主張されていた。将来はアメリカが適切な諸国家の連合組織を結成し、参加することも示唆されていた。

また国土防衛については、選挙公約に「準備あり」という項目が立てられ、ウィルソン政権による軍備強化が称えられた。アメリカは戦争が始まるとただちに国防強化を考えはじめ、一九一五年には、ウィルソンはまとまった陸海軍

▼**今後の世界の安定と平和**　ウィルソンは一九一六年初頭に、顧問役のハウスが交戦諸国の外交当局者に、アメリカは和平の仲介に乗り出す用意があると伝えることを承認していた。

増強計画を承認していた。年末の第三次年次教書では、彼はさらなる防衛強化▲と、そのための増税を要請した。選挙公約の最後では「大統領がわれわれを戦争に加わらないよう守っている」と述べられたが、それは選挙戦におけるスローガンとして、頻繁に用いられることになった。

　公約に取り入れられた社会労働改革については、一九一六年にいくつかの成果があった。児童労働禁止法▲は二月に下院を通過し、難航した上院でも八月に通過、九月一日にウィルソンが署名して成立した。鉄道労働者の八時間労働を規定するアダムソン法▲が、九月三日にウィルソンの署名によって成立した。労災補償法もほぼ同時期に制定された。

　一方、共和党は民主党の党大会より一週間前から党大会を開き、選挙公約で、まずウィルソン政権を批判する文言を連ね、大統領および民主党優勢の議会がアメリカ市民の権利を十分に守ることに失敗していると非難した。また共和党は、正義にもとづく平和を望み、厳格な中立を信じるとしながらも、ウィルソン政権の行動は言葉のみであり、アメリカの国際社会における影響力を損ねているとも非難した。国内問題については、概して前回の選挙公約を踏襲し、民

▼さらなる防衛強化　一九一六年一月に海軍増強案が議会で承認され、さらに三月末に陸軍増強案が通過し、最終的には六月三日に国防法として成立した。

▼児童労働禁止法　しかし同法は一九一八年六月に、最高裁によって違憲判決を受けた。

▼アダムソン法　法案成立に尽力した下院通商委員長の名前から、一般にこう呼ばれている。

▼チャールズ・ヒューズ（一八六二〜一九四八）　ニューヨーク州知事を四年間務め、一九一〇年に最高裁判事に就任していたが、この指名を受けて判事の職を辞した。のちに国務長官（在任一九二一〜二五）となる。

主党の公約よりもやや保守的な姿勢を示した。大統領候補にはセオドア・ローズヴェルトを再指名しようとする動きもあったが、最終的にはヒューズ▲が指名された。

ウィルソンは選挙運動を展開するなかで、七月にアメリカ労働総同盟の本部ビルの落成式に出席し、労働改革の成果を強調するとともに、労働者の貢献を称えた。また九月には女性参政権協会の会議でも演説し、その意義を信じていると主張した。こうした演説においてウィルソンは、自分は大文字の革新主義者つまり革新党員ではないが、小文字の革新主義者、いいかえれば一般的な革新思想の持ち主だと述べていた。

対外関係については、彼は自分がアメリカの中立を守っていることを強調し、ヒューズが勝利すれば、投資家の利益を守るためにアメリカが戦争に突入することになると非難した。この点はヒューズも同様で、ウィルソンが勝てば、アメリカが戦争に参加することになると主張した。

またヒューズはアダムソン法などを取り上げ、民主党が労働組合など特定の利益団体を擁護していると批判した。さらに彼は、議会で審議中だった一九一六年歳入法▲を問題視し、民主党は階級立法をおこなっていると非難した。同法はそれまでより所得税率を倍増させ、高額所得者には付加税を課し、さらにはじめて相続税を課するものだった。

選挙戦は接戦であり、十月半ばにはウィルソンは、負けるかもしれないと周囲にもらしていた。十一月七日の選挙結果▲は、選挙人票でウィルソンが二七七票、ヒューズが二五四票と相当な接戦だった。そのためか選挙当日の『ニューヨークタイムズ』は、ヒューズ勝利という誤報を流した。ヒューズも容易に敗北を認めようとせず、最終的に彼がウィルソンの勝利を認めたのは二週間近くたってからだった。一般投票では、ウィルソンは九一三万票弱を獲得▲したが、得票率は四九・三%とわずかに半数を下回っていた。いずれにせよ、ウィルソンは民主党候補としては一八三二年のジャクソン▲以来八四年ぶりの二期連続当選だった。

再選をはたしたウィルソンは、正式に戦争の調停を考えはじめた。一九一六年十二月、彼はアメリカが和平調停に乗り出す用意があることを交戦諸国に伝える外交覚書をつくり、十八日に各駐在大使に伝えた。しかしドイツは十二月

▼一九一六年歳入法　一六年七月に下院を通過し、九月に上院で承認された。

▼十一月七日の選挙結果　カリフォルニア州では、一般投票の総数約一〇〇万票中の三八〇〇票ほどの僅差であり、もしここでウィルソンが負ければ、同州の選挙人票一三票がヒューズにまわって、結果は逆転したかもしれないという状況だった。

▼獲得票　ヒューズは八五三万票強。また社会党候補のアラン・ベンソン(一八七一～一九四〇)は、前回のデブスの得票の六割強、五九万票弱にとどまった。

▼アンドリュー・ジャクソン(一七六七～一八四五、第七代大統領、在任一八二九～三七)　一八一二年戦争(米英戦争)の英雄。民主制を進展させたといわれるが、一方では、先住民の強制移住政策をおこなった。

二十六日、当事者の交渉のみが戦争を終わらせうるとして、調停を拒否する態度を明らかにした。

ウィルソンはさらに戦争終結をめざして、一九一七年一月二十二日に議会で演説し、「勝利なき平和」といわれる調停案を説明した。その骨子は、各国が平等であること、それぞれが自由に選挙された政府を持ち、それによって永続的な平和が確保されること、海洋においてはいずれの国の船舶にも自由な航行が認められるべきこと、軍備は適切な規模に制限されるべきこと、アメリカは永続的な平和を保障する制度に参加する用意があることなどだった。いうまでもなく、後の「十四カ条」につながるものであった。

この演説に対して民主党議員の大多数は拍手で支持を表明したが、共和党議員は、革新派知事から上院議員に転じたラフォレットなど一部を除いて否定的に反応した。反対者たちは時期が悪い、達成不可能である、ドン・キホーテ的であるといった批判をおこなった。かつて学生時代のウィルソンと小さなかかわりがあった上院共和党の指導者ロッジは、「勝利なき平和」などありえないとし、平和のための国際組織も認められないと反論した。

参戦を訴えるポスター（一九一七年）

参戦へ

ウィルソンの「勝利なき平和」調停案発表から九日後の一九一七年一月三十一日、ドイツは無制限潜水艦作戦の通牒をアメリカに送った。翌日から、すべての海上交通に対しあらゆる武器を行使するという通告だった。ウィルソンがその日の夕方にそれを知って対策を考慮していたところへ、国務長官ランシングが来て、ただちに国交断絶すべきだという意見を述べた。翌日には顧問のハウス大佐がウィルソンと会談し、二人は断交しても開戦につながらないように努めるという見解に達した。

翌二月二日、ウィルソンがこの件で閣議を開いたところ、全員が断交を支持した。翌日、彼は議会で演説し、国交断絶以外に代案はないと強調し、同時に、アメリカの海員および市民の生命を守るために必要な措置をとると声明した。上院は圧倒的多数（七八対五）で、大統領の行動を支持すると決議した。同日ドイツは、潜水艦攻撃を始めてからの二年間ではじめて事前の警告を出し、一時間後に、アメリカ船ハウサトニック号を沈没させた。同月二十日、ウィルソンは商船の武装を承認し、六日後にふたたび議会で演説し、ただちにその立法をおこなうよう求めた。この演説中、ドイツ潜水艦がイギリス船ラコニック号を無警告で攻撃し、アメリカ人女性二人が死亡したというニュースが伝わった。

この間の二十四日、さらに衝撃的な情報がイギリス政府からアメリカ大使に伝えられた。その情報は翌日にウィルソンに知らされたが、彼はその重大さを考慮して、ただちには公表しないよう指示した。それは、ドイツ外相ツィンメルマンが暗号電報で駐メキシコ大使に、両国の軍事同盟結成を工作するよう指示したものだった。この「ツィンメルマン覚書」は、アメリカが参戦したらメキシコも対米開戦するよう働きかけ、勝利すれば、テキサスやニューメキシコ、アリゾナなどの州をメキシコ領とする工作を約束していた。

「ツィンメルマン覚書」にはいささか奇妙な文面も含まれていた。メキシコがイニシャティヴをとって、ドイツとメキシコの同盟に日本も加入するよう求めよというものである。すでに日本は日英同盟を根拠として、山東半島のドイツ支配地域を攻撃し、ドイツ人の相当数を捕虜にしており、ドイツとメキシコの同盟に日本が参加することはありえなかった。

また「覚書」は一月十六日付となっており、イギリスは電文傍受後まもなく

▼アルトゥール・ツィンメルマン（一八六四〜一九四〇、在任一九一六〜一七）　外交官だったが、一九一六年、非貴族としてはじめて外務大臣になった。「覚書」事件で職を解かれた。

▼テキサス・ニューメキシコ・アリゾナ　これらの地域はかつてメキシコ領だったが、一八四八年に米墨戦争に惨敗したメキシコがアメリカに割譲させられた地域だった。

▼日本　「覚書」を報道した『ニューヨークタイムズ』は、日本大使館の談話として、非常に不条理かつ不可能なことであり、日本はアメリカとの関係がより近しいと述べたと伝えた。

解読に成功していたが、ただちにはアメリカに連絡せず、そのタイミングをはかっていたことになる。それが三月一日に新聞で報道されると、イギリスの期待どおりアメリカ国民の怒りが沸騰した。新聞は「これは戦争行為だ」と報じ、開戦への機運を高めた。同日、下院は圧倒的多数(四〇三対一三)で商船武装法を通過させたが、上院では簡単にいかず、四日の正午で会期が終了したため、法案は審議未了になった。ウィルソンは大統領権限で商船武装を決定した。

一九一七年三月五日▲に二期目の就任演説をおこなったウィルソンは、あらためて武装中立を宣言し、さらに「われわれの権利について、より積極的に宣言」する道が開かれていると述べた。事態の進展次第で、さらに強力な措置に出ることを示唆したのである。一週間後、ロシアで三月革命▲が始まった。十四日、十八日には、次々とアメリカ商船が無警告攻撃され沈没した。

二十日に閣議を開いたウィルソンが、参戦について閣僚の意見を求めたところ、全員が賛成した。彼自身がいつ参戦を決意したかは不明だが、前日に会見した新聞記者が後年話したところでは、その時すでにウィルソンは参戦を決意していたという。翌日、彼は議会を翌月二日に開くよう指示し、同時に州兵軍

▼三月五日　就任は標準的には三月四日だが、この年は日曜日だったため、五日に就任演説がおこなわれた。

▼三月革命　ロシア暦では二月のため、「二月革命」ともいわれる。労働者や兵士の反乱で帝政が倒れ、ブルジョワ自由主義者の臨時政府と労兵ソヴィエトの二重権力状態となった。ケレンスキー(一八八一〜一九七〇)が首相になったが、政府は安定せず、労働者や兵士の要求は強まり、八カ月ほどでソヴィエト勢力に打倒されることになった。

参戦を訴えるウィルソン

▼ジャネット・ランキン（一八八〇〜一九七三）　モンタナ州選出の共和党員。当時、一部の州では女性参政権が認められていた。なお彼女は平和主義者として、一九四一年にも議員となり、日本の真珠湾攻撃に対する対日宣戦布告にも反対した。

の連邦正規軍への編入を命じた。

四月二日、ウィルソンが議会にあらわれると、多くの議員たちは国旗を振ってむかえ、彼の演説の各所で拍手を送った。彼はドイツの潜水艦攻撃を回顧し、「勝利なき平和」調停案にもふれ、世界は民主主義保持のために平和でなければならないと強調した。またそれは、自由や平和という言葉を各所にちりばめ、リンカーンやルターの言葉を引用した格調高い演説だった。三〇分ほどのスピーチが終わった時、議員たちは歓声をあげ国旗を打ち振り、熱狂的に反応した。共和党のロッジもウィルソンに握手を求めたが、ラフォレットは腕組みしたままだった。

四日の上院、ついで六日の下院ともに、圧倒的な大差で開戦を決議した（八二対六および三七三対五〇）。反対者のなかには、女性としてはじめて連邦下院議員になったジャネット・ランキン▲がいた。しかしアメリカは単純に連合国の一員にはならず、ウィルソンは四月十四日、連合国と距離をおくことを表明した。つまり、アメリカはヨーロッパ諸国と同盟関係を結んでいなかったため、アライズ（連合国）ではなくアソシエイツ（協調国）となる方策をとったのである。

戦争体制の構築

参戦にあたってまず必要なことは、兵力拡大だった。その当時、アメリカの総兵力は州兵軍を含めても三〇万人程度であり、人口のわずか〇・三％にすぎなかった。それを大幅に増加させるには徴兵制を敷く必要があり、ウィルソンは議会に選抜徴兵法の制定を求めた。一九一七年四月二十八日、上下両院はともに圧倒的多数で同法を成立させた(八一対八および三〇七対二四)。二一歳から三〇歳までの男性が徴兵登録▲を義務付けられた。六月から一〇〇〇万人が登録をおこない、選抜された最初の六八万人ほどが九月に入隊した。

これら兵士は次々とヨーロッパ戦線に送られることになるが、まずその準備として、メキシコ遠征(四七〜四八頁参照)からもどったばかりのパーシング将軍が、「アメリカ派遣軍」の総司令官に任命され、六月末に、最初のアメリカ軍部隊がフランスへ派遣された。兵士の輸送には、軍用船だけでは足りず民間の船舶が徴用された。それは国内の鉄道輸送とともに、戦時大統領権限にもとづいて実施されたのである。

戦争には膨大な戦費が必要であり、平時の財政ではとうていまかなえない。

▼**徴兵登録**　登録はその後一八歳から四五歳までに拡大され、終戦までに二四〇〇万人が登録された。

▼**合計一五〇億ドル** さらに、戦後処理の必要から、「ヴィクトリー・ローン（勝利公債）」が発行され、総額は二二五億ドルに達した。

財務長官マカドゥーはウィルソンの同意のもと、宣戦布告から三日後の四月九日、五〇億ドル程度の国債発行を訴え、二十四日に成立した法によりまず二〇億ドル分が発行された。この国債は「リバティー・ローン（自由公債）」といわれ、多くの国民が積極的に買い求めた。十月には二回目の三〇億ドルなど、数回にわたって合計一五〇億ドル▲が集められた。

戦費調達のために、税金も引き上げられた。一七年の歳入法により、所得税が課税対象および税率ともに改訂され、年収二四〇〇ドルの人に二％を課税することになった。しかしそれは、一般労働者の年収の二倍以上にあたり、庶民の多くは所得税を支払う必要がなかった。ただし、酒やタバコなどには物品消費税がかけられた。税金からの戦費支出はおよそ一〇五億ドル前後であり、総額のおよそ三割ないし四割にあたる。

これら資金によって多種多様な軍需物資が調達されることになり、それまで民需にあてられていた物資も軍需に転用されることになった。ウィルソンは、「連合調達委員会」「総括武器委員会」などさまざまな機関を大統領行政命令で設置した。さらに軍需と民需との調整をいっそう円滑にするために、彼は七月末、全面的な産業動員の中枢となる「戦時産業局」を設けた。

戦争遂行のためには、兵力・資金・物資の調達のみでは不十分である。国民の戦意を高揚させ、戦争への協力を強めることが必要であり、ウィルソン政権はその方策も考案した。宣戦布告直後、ウィルソンは「広報委員会」▲設置を命じ、戦争目的や意義を訴えるとともに、さまざまな情報の普及・宣伝に努めた。

一方では、ウィルソン政権は戦争努力を妨害する行為を取り締まるために、言論・出版の統制をめざし、六月十五日に諜報法を制定させた。反戦的な記事を載せる新聞や雑誌は、低率の郵便料金を利用できないことになった。翌一八年五月には扇動法が制定され、反戦活動がいっそう厳しく取り締まられた。ウィルソンは戦時中の市民的自由の制約を容認し、社会主義者や労働組合の反戦活動取り締まりを司法長官に任せた。社会党▲やＩＷＷ(世界産業労働者組合)▲などは戦時中さまざまな弾圧を受けた。

またウィルソンは、国民のなかにまん延した反ドイツ的な風潮を批判することもしなかった。ドイツの文化が嫌われ、ベートーヴェンやワグナーの音楽が演奏されなかったり、高校や大学でドイツ語の授業が無くなったりした。ドイ

▼広報委員会　委員会は毎日のように戦争のニュース速報を発行し、ドイツの不当性を訴えるとともに、ドイツ人を野蛮かつ好戦的な人間だと宣伝した。

▼社会党　社会党の指導者デブスは、諜報法違反との理由で逮捕され、一〇年の禁固刑に処せられた。

▼ＩＷＷ(世界産業労働者組合)　ＩＷＷは、すべての労働者が部門別に分かれるにせよ一つの組織にまとまるという組織論に立ち、国家や政府を否定し、ストライキで労働者の世界をつくるというアナルコ・サンディカリズムの思想によっていた。一九〇五年に組織され、アメリカ労働総同盟とは異質な激しい闘争を展開したが、第一次世界大戦後には事実上消滅した。しかし僅かな組織は現在も存在しているようである。

ツ系の言葉が嫌われ、「ハンバーガー」が「リバティー・サンドウィッチ」と名称を変えられたりもした。

「十四カ条」の提唱と終戦

一九一七年十一月三日、フランスに派遣されたアメリカ軍にはじめての犠牲者▲が出た。このころウィルソンは、和平協定を結ぶためのプラン作成組織を作るようハウス大佐に指示した。ハウスは国務省の枠外で調査委員会を設けて一連のメモを作成し、翌年一月はじめにウィルソンに渡した。

ロシアでは十一月六日から七日にかけ労働者や兵士が武装蜂起し、十一月革命▲が始まった。革命勢力は大会を開き「平和に関する布告」を採択し、「無賠償、無併合、民族自決」にもとづく即時和平を提案した。連合国側がそれを拒否すると、ソヴィエト政権は単独でドイツと休戦交渉を進め、十二月五日に協定が成立した。

このような動向に対して、ウィルソンは和平交渉の主導権をとることをめざし、一九一八年一月八日に議会で「十四カ条▲」の和平提案を演説した。第一項

▼**アメリカ軍にはじめての犠牲者**　三人が戦死、五人が負傷、一二人が行方不明になった。

▼**十一月革命**　ロシア暦では「十月革命」である。レーニン(一八七〇〜一九二四)やトロツキー(一八七九〜一九四〇)が指導して、十一月六日にソヴィエト勢力の多数派であるボリシェヴィキが首都ペトログラード(現サンクトペテルブルク)で武装蜂起し、臨時政府を倒し、権力を握った。ソヴィエト・ロシアの誕生である。

は公開の和平協定であり、それまでのような非公開のものではないかたちで交渉されるべきだとの主張だった。第二項は公海における航行の自由であり、経済障壁の除去および取引条件の平等という第三項とともに、国際経済の自由化をめざすものだった。

第四項は軍備縮小であり、今後の世界平和に不可欠の課題とされた。第五項は植民地問題の公平な調整であり、関係諸国の利害の平等を求めていた。ここでウィルソンは、「自己決定」あるいは「民族自決」という言葉を用いず、またそれを一般原則ともしなかった。続く八項目▲はヨーロッパ諸国の領土や国境問題に関するものだった。最後の第一四項において、ウィルソンは諸国家の協同組織の必要性を主張した。

しかし「十四カ条」に対して、ヨーロッパ諸国はただちには反応しなかった。一九一八年三月三日、ドイツとソヴィエト・ロシアはブレスト・リトフスク▲で講和条約を結び、ドイツはその直後から西部戦線で大攻勢をかけてきた。四月に入ってウィルソンは、自国に有利な条約を結んだドイツを非難し、その好戦的な真の姿がみえたと批判した。

▼十四カ条　英語では一四の「ポイント」であり「十四項目」というほうが適当だが、通称に従う。

▼第六項〜第一三項　ロシア領からの撤兵、ベルギーの原状回復、アルザス・ロレーヌ地方のフランス帰属、イタリアの国境問題処理などが指摘された。さらにオーストリア＝ハンガリー帝国の諸民族の自治、バルカン地域の再調整、オスマン帝国の非トルコ系国民の自治、ポーランドの独立回復なども取り上げられた。

▼ブレスト・リトフスク　当時はロシア領だがドイツの占領下にあった町。現在はブレストといい、ベラルーシに属し、ポーランドとの国境に近い。

そのころ、西部戦線ではドイツ軍がますます前進し、五月にはシャトー・ティエリ近くにまで前線が移動した。約七万のアメリカ軍がフランス軍とともにこの地域で戦い、六月初めにはドイツ軍の前進を阻止した。八月から、連合国軍が西部戦線で全面的な総攻撃を開始し、九月にはサン・ミエルにおいて、五〇万人以上のアメリカ軍がほぼ単独で攻撃を展開した。同月末には、後退するドイツ軍を追撃してスダンで全面攻撃をおこなったが、それは、この大戦においてアメリカ軍が二万六〇〇〇人戦死という、もっとも大きな被害を出した戦闘だった。

ウィルソンはこうした状況について定期的な報告を受けていたが、作戦などについて立ち入った議論はしなかった。一方、彼はロシアをめぐる動向には注目していた。ブレスト・リトフスク条約締結からまもない三月九日には、イギリス軍がロシアにある軍需物資を押さえるためムルマンスクに上陸し、さらにアルハンゲリスクにも軍を展開した。アメリカもイギリスの求めに応じて、五〇〇〇人の兵士をそれら地域に送った。

四月五日には、ウラジオストックに軍艦を派遣していた日本軍が若干の兵士

▼シャトー・ティエリ　パリから東へ八〇キロほどの町。

▼サン・ミエル　ナンシーから北西五〇キロほどの町。

▼スダン　セダンともいう。ランスの北東一〇〇キロほどの町。ベルギーとの国境に近い。

▼ムルマンスク　バレンツ海からの入り江にある町。フィンランドとの国境に近い。

▼アルハンゲリスク　白海に面し、ムルマンスクからは直線で六〇〇キロほど離れている。

を上陸させた。ウィルソンは日本の動きを牽制しようとしていたが、すぐには行動に出なかった。彼は六月にチェコの指導者マサリク▲と会談し、シベリアにいるチェコ軍団を救出するために軍を送ることを約束した。七月はじめ、彼は日本と同規模の軍を送ることを決め、七〇〇〇人をウラジオストックに送る指示を出した。八月、ウィルソンは日米両軍のウラジオストック上陸時におこなった声明で、このような対ロシア政策はロシアの主権を侵すためではなく、秩序を回復し、正義をもたらすためのものだと述べた。

劣勢になったドイツでは講和への声が高まり、十月初めに新首相マックス・フォン・バーデン公▲がウィルソンに、「十四カ条」にもとづく和平交渉を望むと伝えた。アメリカ国内では全面勝利をもとめる強硬な意見が強く、イギリス、フランスも同様だった。ウィルソンは十五日、ドイツが「十四カ条」を完全に受け入れ、占領地から全面的に撤退するまで休戦はありえないと返答した。ドイツは十月二十日、連合国の「十四カ条」同意を前提として、ウィルソンの見解を認めると返答した。ウィルソンは「十四カ条」の全面的受け入れに難色を示した連合国側を説得し、十一月初めには休戦の兆しがみえてきた。

▼**トマーシュ・マサリク**（一八五〇〜一九三七）　この戦争で亡命しており、当時はアメリカに滞在していた。のちのチェコスロヴァキア大統領。（在任一九一八〈正式には二〇〉〜三五）

▼**マクシミリアン**（マックス）**・フォン・バーデン**（一八六七〜一九二九）　在任は一九一八年十月前後の一カ月余り。ドイツの名門貴族出身。自由主義者だったといわれる。

十一月三日にキール軍港▲で水兵が反乱をおこし、ドイツ革命▲が始まった。十一日、ドイツ軍代表と連合国側はコンピエーニュ▲で休戦協定を結び、大戦が終結した。その日の午後、ウィルソンは議会で協定文を読み上げ、勝利の意味を論じた。アメリカの多くの都市で市民が街頭へ繰り出し、戦争終結を祝った。この大戦でアメリカ兵二〇〇万人以上が戦線に参加し、戦闘による死者五万三〇〇〇人、傷病による死者を合わせると計一一万七〇〇〇人弱が犠牲▲となった。

銃後の動き

大戦中、国内ではさまざまな問題が生じた。なかでも深刻だったのは、一九一七年から一八年にかけていくつかの都市で起こった人種暴動だった。戦争にともなう労働力不足から、南部の黒人が北部の工場で働くようになったことや、従軍して自信をえた黒人兵士が帰還して、以前とは異なる態度をとったことなどが影響している。しかし暴動の多くは、白人暴徒が黒人を襲うものだった。ウィルソンは司法長官グレゴリー▲に、この悲劇的な問題に対処する連邦政府の管轄権の有無をたずねた。司法長官は連邦政府には行動の権限はないと返答し

▼キール軍港　ハンブルクの北一〇〇キロほどのデンマークに近い町。

▼ドイツ革命　九日には皇帝ヴィルヘルム二世(一八五九〜一九四一、在位一八八八〜一九一八)が退位し、オランダへ亡命することになり、マックス・フォン・バーデン公も辞任した。社会民主党を中心に新政府が成立し、その後ワイマール共和国になった。

▼コンピエーニュ　パリの北東七〇キロほどの町。

▼犠牲　交戦国全体で約一〇〇〇万人の戦死者を出した。

▼トマス・グレゴリー(一八六一〜一九三三、在任一九一四〜一九)　テキサス州で弁護士をしながら、ハウス大佐の民主党グループに参加した。大戦中は、反戦活動の取り締まりをおこなった。

た。一八年七月にウィルソンは声明を出し、暴動やリンチは国の名誉を汚し、公正と正義に反すると非難した。また彼は、州知事や司法関係者がそれらを積極的に防止するよう求めた。しかしその後も、人種暴動やリンチ事件が続いた。一方、ウィルソン政権下で連邦職員の人種隔離が拡大したが、彼は、それは各省庁の権限内の問題であるとして、容認した。

大戦には、女性も看護婦や電話交換手など補助的な仕事で軍に参加した。また国内でも、それまで男性がおもだった分野で女性労働者が増加した。こうした女性の戦争協力は、女性参政権運動に弾みをつけることになった。ウィルソンは一九一八年一月九日の演説で、すでに提出されている女性参政権のための憲法修正案の採決を求めた。翌日、下院は承認したが(二七四対一三六)、上院では難航した。九月末にウィルソンが重ねてその採決を求め、投票がおこなわれ、賛成案が過半数を上回ったが(五三対三一)、必要な三分の二にはわずかに票数が足りず、先送りとされてしまった。アメリカの憲法修正には、上下両院の三分の二以上の賛成、州の四分の三以上の批准が必要である。

大戦終了後の一九一八年十二月の年次教書で、ウィルソンはあらためて女性

▼人種暴動　この時期だけでも一〇〇人近い黒人が犠牲になったといわれる。

参政権のための憲法修正を訴えた。翌年二月十日の採決で上院はふたたびそれを否決した。五月二十日、彼はパリ講和会議に参加していたが、議会へメッセージを送りその成立を促した。同日、下院は以前より多くの賛成で通過させせた(三〇四対八九)、上院は六月四日、ようやくこの修正案を通過させた(五六対二五)。しかし州による批准は予想以上に時間がかかり、翌二〇年夏にようやくあと一州となった。ウィルソンはそれを審議中のテネシー州の知事に電報を打ち、批准投票をおこなうよう促した。同州議会が八月十八日に修正案を通過させた結果、二十六日に女性参政権を認める修正第一九条が発効した。

大戦に関連して、もう一つの憲法修正、つまり禁酒▲を定めた第一八条が成立した。州ごとの禁酒法は第一次世界大戦が始まるまでに一〇州ほどで成立していたが、大戦とともにその勢いが強まった。ドイツを嫌う風潮のなかで、飲酒とドイツを結びつけるような考えが広がり、ビール造りに使用される穀物を節約し、前線の兵士に十分な食料を送ろうという声があがった。また、軍需物資の生産能率を悪くするから、アルコールを慎むべきだという説も展開された。

こうして全国的な禁酒をめざす憲法修正運動が始まったが、当初は必要な三

▼**禁酒**　禁酒運動は南北戦争以前からあった。

分の二の票が集まらなかった。参戦とともに議会の動向も急速に変化し、一七年八月に上院が修正第一八条を通過させ(六五対二〇)、十二月に下院がそれを若干修正して成立させた(二八二対一二八)。上院もすぐにそれを認めた(四七対八)。州による批准には一年あまりを要したが、一九年一月に、この世界にほとんど類をみない憲法修正が成立した。ただしウィルソンは、禁酒の法制化は各州・地方の問題であるとして、連邦憲法による禁酒を支持せず、これに関しては何の発言もしなかった。

その後、修正第一八条を具体化するためのヴォルステッド法▲案が提出され、一九年十月に議会を通過した。ウィルソンは拒否権を発動したが、議会は再投票で同月二十八日に同法を成立させた。そのころ彼は脳卒中で倒れており、拒否権発動のメッセージは秘書が書き、農務長官ヒューストン▲が文章に手を入れた。ウィルソンはそのことを理解していなかっただろうといわれている。なお、この遵守困難な禁酒の憲法修正条項は、その後一九三三年の憲法修正第二一条で廃止された。

国内問題の最後に付け加えるべきことは、休戦協定成立直前の中間選挙の結

▼ヴォルステッド法　禁酒の対象をアルコール度〇・五%以上とし、違反への罰則、取り締まりなどを定めた。

▼デイヴィッド・ヒューストン(一八六六〜一九四〇、在任一九一三〜二〇)　政治学者として、テキサス大学などいくつかの大学の学長を務めた。ウィルソン政権下で、農務長官ののち財務長官になった。

▼共和党が民主党を上回る　上院四九対四七、下院二四〇対一九〇。

果である。上下両院とも共和党が多数を占め▲、民主党はウィルソンを支えることが困難になったのである。

④—ヴェルサイユ講和条約の成功と失敗

国際連盟規約の作成

休戦協定が結ばれたあと、早急に決めるべきことは、正式な講和会議をいつから、どのようにおこなうかという問題だった。代表に関してフランスのクレマンソー首相やイギリスのロイド・ジョージ首相は、ウィルソンが講和会議に一部だけ出席することを示唆した。

これに対してウィルソンは、イギリス・フランスが自分を排除しようとしていると怒ったといわれる。国務長官ランシングは、ウィルソンの講和会議出席は賢明ではなく、おそらく誤りだとの意見を述べた。またハウス大佐は、代表にならないにせよ自分が主として交渉にあたるつもりだった。しかしウィルソンは、停戦から一週間後の一九一八年十一月十八日、十二月初めにパリに向けて出発するという声明を出した。

次の問題は、代表団に誰を加えるかという問題だった。ウィルソンにとって、ハウスを含めることは当然であり、ランシングも国務長官として必然だった。

▼**ジョルジュ・クレマンソー**（一八四一～一九二九、在任一九〇六～〇九、一九一七～二〇）　当初は革新的だったが、首相になると保守化し、対独強硬策を主張した。

▼**デイヴィッド・ロイド・ジョージ**（一八六三～一九四五、在任一九一六～二二）　自由党議員として活躍し、一九〇〇年代から多くの大臣職を勤めた。首相として、イギリスの戦時体制を確立した。

▼**一部だけ出席すること**　表向きにはともかく、実質的にイギリス・フランスが主導権をとり、ウィルソンに「十四カ条」を振りまわされたくなかったためだと考えられる。

▼**国務長官ランシングの意見**　大統領の長期不在は望ましくないという建前とともに、自分が代表として腕をふるいたいという思惑があったらしい。

さらにウィルソンは陸軍長官のベイカー▲に声をかけたが、ベイカーは、同時に閣僚二名が長期間にわたって不在になるのは好ましくないとして、ほかの人物を推薦した。共和党員についてはウィルソンは、あつかいにくい大物を回避し、ローズヴェルトやロッジとも近いが柔軟と思われる元外交官ヘンリー・ホワイト▲を選んだ。

十二月二日、ウィルソンは議会で年次教書を読みあげたあと、夜行列車でワシントンをたち十日間の航海に出発した。十三日にフランスのブレスト▲に到着したウィルソンは、米仏両国の兵士の敬礼でむかえられ、翌日にはパリに入って大統領ポワンカレ▲やクレマンソーの出迎えを受けた。ウィルソンはその日のうちにハウスと会談し、国際連盟の問題を第一の議題にすることを話し合った。年末年始にはイギリスやイタリアにまねかれ、それぞれの国王や法王と会見した。

一九一九年一月八日、ウィルソンはふたたびハウスに会い、おもに国際連盟問題をあつかった一三条項と付属六項からなる第一草案を示した。そこには、連盟執行会議の構成、軍備縮小、紛争処理手続き、さらに違反国への経済ボイ

▼ニュートン・ベイカー（一八七一〜一九三七、在任一九一七〜一八）　当時の陸軍長官は現在の長官より一段階上で、閣僚会議のメンバーであり、現在の国防長官に近い。

▼ヘンリー・ホワイト（一八五〇〜一九二七）　セオドア・ローズヴェルトにより駐伊・仏大使に任命された（在任一九〇五〜〇九）。一九一八年当時はなかば引退していた。

▼ブレスト　ブルターニュ半島の先端にある港町。パリからは五〇〇キロほど西。

▼レイモン・ポワンカレ（一八六〇〜一九三四、在任一九一三〜二〇）　フランスの保守派政治家。一八八七年から下院議員になり、二十世紀に入りいくつかの大臣職をへて、第一次世界大戦時には大統領。その後、首相も務めた。

コット、軍事力行使等に関する条項が盛り込まれていた。表現をやわらげた第二草案が作成された十八日、講和会議が開始されることになった。主要点を議論する十カ国会議が設けられ、その下に連盟問題をあつかう委員会が設けられた。ウィルソンがその議長となり、連日、会議をおこなった。

二月二日、ウィルソンは第三草案を作成したが、それを議論した十三日の十カ国会議で、日本の牧野伸顕《のぶあき》▲代表が人種差別否定条項▲を規約に入れるよう提案した。この時ウィルソンは一時的に中座しており、彼にかわって議長となっていたイギリスのセシル卿▲は、この問題を先送りすることにした。

二月十四日の総会でウィルソンは、加盟各国の独立・領土保全の保障(第一〇条)、戦争の脅威への関心(第一一条)などを確認した。さらに第一六条において、連盟が経済ボイコットや武力行使を勧告する権限をもつことも示された。こうして彼は草案の諸事項が取り入れられたことに満足し、その日のうちにパリを離れ、帰国することになった。二十三日にボストンに帰着し、多数の人々にむかえられた。

二日後、ウィルソンはワシントンにもどり、翌二十六日には上下両院の外交

▼牧野伸顕(一八六一～一九四九)　二十世紀初頭から一九三〇年代にかけさまざまな大臣職につき、日本政治の中枢にあった。パリ講和会議には次席全権大使として参加したが、実質的には主席大使の西園寺公望(一八四九～一九四〇)にかわり、采配をふるった。

▼人種差別否定条項　日本は四月に入ってふたたびこの問題を提起したが、ウィルソンは全会一致ではないとして、それを退けた。

▼ロバート・セシル(一八六四～一九五八)　政治家・外交官として活躍し、第一次世界大戦時には外務副大臣職にあった(一九一五～一九)。講和会議時には、国際連盟問題におけるイギリス代表だった。一九三七年にノーベル平和賞を受賞した。

委員会のメンバーをまねいて夕食会を開き、連盟規約草案について話し合った。しかしそれは、出席議員のなかに草案に反対する者が相当数いたためか、ぎごちなく楽しくない会合になった。共和党の大物、ロッジは三月三日、連盟案を受け入れられないとする決議案を上院に提出した。それは投票にはかけられなかったが、共和党三九人、民主党一人の計四〇人が提出を支持した。講和条約批准の困難さを予測させるものだった。

講和条約の残る問題

ウィルソンは講和条約案の最終的仕上げの会議に参加するため、ふたたび渡欧することになった。三月四日にニューヨークへ行き、メトロポリタン・オペラ劇場で満員の聴衆▲に講和条約案について簡単なスピーチをおこなった。彼は渡欧すると、日をおかずにロイド・ジョージやクレマンソーと会談した。そこで、各国の領土問題や賠償問題などをさらに検討するため、米・英・仏にイタリアを加えた四カ国会議を設けることにした。また必要に応じて日本も加わることになり、十カ国会議にかわることになった。

▼**満員の聴衆**　さらに劇場の周辺には一万五〇〇〇人ほどの人々が集まったといわれる。

●—渡欧したウィルソン(左)**とイギリス王ジョージ五世**(右、一九一八年)

●—パリ講和会議における戦勝列強の代表(一九一九年)　前列左からイタリア首相オルランド、イギリス首相ロイド・ジョージ、フランス首相クレマンソー、アメリカ大統領ウィルソン。

こうして講和条件の具体的かつ詳細な規定が定められたが、米・英・仏三カ国が議論をリードし、イタリアは脇役にすぎなかった。ウィルソンは四月初めにインフルエンザにかかり、四〇度近い高熱を発して、何日か会議を欠席せざるをえなくなった。ともあれウィルソンはこれら会議において、しばしばクレマンソーやロイド・ジョージと論争することになった。フランスは長期間にわたる巨額の賠償金を求めたが、ウィルソンは比較的少額で早期支払い可能な賠償金とするよう主張した。会議の場では意見が合わず、のちに設立される委員会が金額や支払い期間を決めることになった。▲

またフランスはドイツの領土に関して、石炭資源の豊富なザール地方とラインラントの占領を求めた。ウィルソンはよりゆるやかな方策を主張し、ライン河左岸および右岸五〇キロまでの非軍事化、ザール地方の炭鉱を一定期間フランスが管理するという提案をおこなった。結局、この問題は彼の提案に近いものになった。さらにクレマンソーは四月八日、退位して亡命したドイツ皇帝を裁判にかけることを主張した。▲ウィルソンは強く反対したが、フランス案が講和条約に盛り込まれた。一方ウィルソンは、アルザス・ロレーヌ地方のフラン

▼賠償金　二年後のロンドン会議で、賠償総額は一三二〇億金マルクと決定され、数十年にわたって支払われることになった。その後、実施困難なこの賠償は一九二四年のドーズ案、二九年のヤング案によって、大幅に削減された。さらに大恐慌下の三二年、フーヴァー・モラトリアムで支払いは一時中止され、ヒトラー政権によって全面的に停止された。第二次世界大戦後、西ドイツの経済復興とともに支払いが再開され、二〇一〇年に完済されたといわれる。

▼ドイツ皇帝の裁判　現実には、皇帝の亡命先のオランダが引き渡しを拒否したため、裁判はおこなわれなかった。

スへの返還やドイツの軍備制限には反対しなかった。軍国主義ドイツの力を弱めることになるからである。ドイツの陸軍兵力は一〇万人とされ、空軍は禁止、海軍もごく少数の艦艇の保有に限定された。

ウィルソンが他国の代表と意見を異にしたのは、英・仏とばかりではなかった。日本は会議早々から、大戦中に占領した山東半島の権益譲渡を求めたが、中国はその返還を主張した。ウィルソンは中国の立場に共感して日本の主張に反対したが、英仏の態度は曖昧だった。この問題は難航し、四月中旬に日本は、要求が受け入れられなければ条約への署名を拒否することを示唆した。そのためウィルソンは日本支持に態度を変えざるをえなかった。問題は条約案作成のぎりぎりまでもつれたが、すでに日本の「二十一カ条の要求」及びそれにもとづく条約を中国が受け入れていたため、日本の主張がとおった。ただし日本は、その後まもなくこの権益を返還▲することになった。

なお日本の中国政策とアメリカとの関係に関連して、一九一七年十一月に結ばれた「石井＝ランシング協定」にもふれておきたい。それは、日米双方が「門戸開放」の原則と中国の領土保全を尊重するというものだったが、曖昧な

▼**権益返還**　当時、湧きあがった中国学生の五・四運動や諸国の反発のため、日本は権益返還を表明し、一九二二年のワシントン会議で実現した。

がらも中国に関する日本の「特殊権益」をアメリカが認める条項もあった。しかしこの協定は数年後には廃棄▲された。そのころウィルソンはヨーロッパ情勢に関心を集中させており、アジアの問題は国務長官ランシングにまかせていたといわれる。

山東問題が難航していたころ、一方ではイタリアがフィウメ▲領有を主張していた。ウィルソンは、同地域は新しく生まれる南スラヴの国の港として必要だと反対した。反発したイタリア代表が帰国してしまう事態になったが、講和会議ではウィルソンの主張がとおった。

こうしてつくられた講和条約案は五月七日にドイツ側に提示され、二週間以内に返答することが求められた。ドイツは回答延期を求め、二十九日に事実上の拒否回答をおこなった。イギリスはドイツの国境に関する条件などの緩和を示唆したが、ウィルソンはそれに反対し、わずかな文面の修正にとどめるべきだと主張した。最終草案は六月十六日にドイツ側に提示され、一週間以内の返答が求められた。ドイツは期限の二時間前になって、戦争責任などに関して抗議の意思▲を示しつつも、条約を受け入れると伝えた。

▼石井＝ランシング協定の廃棄　協定は事実上ワシントン会議で廃止され、正式には一九二三年四月に廃棄された。

▼フィウメ　現在はクロアチアのリエカ。一九二〇年代以後も同市をめぐる紛争は続き、自由都市となったり、イタリアに占領されたりした。

▼抗議の意思　当初、交渉にあたったドイツの代表が条約署名を拒否して辞職したため、新政府の代表が受け入れた。

●――**ヴェルサイユ条約調印後のウィルソン**　手前左はクレマンソー、そのうしろから歩いてくる人物がウィルソン。

●――**ヴェルサイユ宮殿「鏡の間」におけるヴェルサイユ条約の調印**

サライェヴォ事件から五年目となる一九一九年六月二十八日にヴェルサイユ宮殿の「鏡の間」で、正式に講和条約への署名がおこなわれた。まずドイツがサインし、次いで連合国側が署名したが、その筆頭はウィルソンだった。彼はここでは演説しなかったが、アメリカ国民向けに声明を発表し、ドイツの大いなる悪に対して厳しい条件を与えたこと、今後の国際関係においては小国も平等であり、国際平和のために国際連盟が設立されることなどを強調した。同日、ウィルソンは在米の秘書に宛て、反戦のために投獄・訴追された人々に恩赦を与えるよう電報を打った。秘書は、新司法長官パーマー▲がその措置を大統領帰国まで待つよう勧告した、と返電した。ウィルソンはその晩にパリをたち、帰国の途についた。

▼**アレクサンダー・パーマー**（一八七二〜一九三六、在任一九一九〜二一）　下院議員として、一九一二年の大統領選挙で活躍した。一四年の上院議員選挙に敗れたが、一九年に司法長官に任命された。

批准の難航

七月八日にウィルソンはニューヨークへ到着し、あふれるような群衆の歓迎を受けた。カーネギー・ホールで簡単な演説をしたあと、彼はその日の夜遅くにワシントンに着いたが、そこでも一〇万人にのぼる人々の出迎えを受けた。

十日、ウィルソンは議会へ出かけ、国際連盟規約案▲を上院へ提出し、おおよその内容を読み上げた。拍手をもってこたえたのはほとんど民主党員ばかりで、共和党員は冷ややかな態度だった。

このような状況に対して、ウィルソンは精力的に行動を開始した。十八日から八月一日にかけ、彼は反対派の上院議員二六人と個別に会談し、それぞれ一時間ほど費やして説得を試みた。しかし彼らの意思はほとんど変わらなかった。またこのころウィルソンは反戦論者への恩赦を進めるよう求めたが、司法長官パーマーは条約批准まで待つべきだと主張して譲らなかった。上院外交委員会の審議が進展するなか、ウィルソンは八月中旬に委員をまねき、三時間以上にわたって議論した。焦点は規約の第一〇条であり、加盟各国がすべての加盟国の政治的独立と領土保全を尊重し、維持することを約束するものだった。外交委員長のロッジらは、それがアメリカに義務として課されれば、行動の自由がはばまれると主張した。ウィルソンは、この規定は道義的義務であり、法的義務ではないと反論したが、議論は平行線だった。

同月二十三日に共和党側は、条約から山東半島に関する条項の除去という修

▼**国際連盟規約案**　ウィルソンは緊張していたためか、議会で読み上げたさい、何語か読み飛ばしたといわれる。

正案を出した。民主党側は日本が絶対に同意しないと反対したが、修正案は外交委員会をとおった。ウィルソンも、修正は条約の再交渉ということになるので認められないと主張した。また彼は、第一〇条が条約の核心であると強調するとともに、解釈的な留保であれば受け入れも可能だと述べた。さらにウィルソンは妥協案として、第一〇条に関する連盟委員会の行動は勧告と解釈すべきであり、各国はそれぞれの判断をおこなえるという留保をしても良いとも説明した。

八月二十七日にウィルソンは、条約案説明のため九月から全国遊説に出かけると声明した。まもなく彼はワシントンをたち、三週間をこえる遊説の旅に出かけた。各地で多くの人々の歓迎を受け、三週間の間に四〇回も演説した。ウィルソンは、国際連盟はふたたび大戦が起こらないよう各国が共同するためのものであり、それは絶対の保障ではないが、最善の方策であると演説した。

しかし共和党側は、ウィルソンの遊説初日に四つの留保条項を外交委員会で通過させた。アメリカが国際連盟から脱退する絶対的な権利を持つこと、他国の領土保全および政治的独立のために経済的ボイコットや軍事力行使の義務を負わないことなどだった。また共和党の有力議員も、ウィルソンに対抗して条約反対の遊説旅行をはじめた。九月中旬には、国務長官ランシングが条約の多くの点に反対しているとのうわさが流れた。旅先でそれを耳にしたウィルソンは、もしワシントンにいればランシングの辞任を求めるところだといった。

ウィルソンはそのころサンフランシスコやサンディエゴで多くの聴衆を集めて演説し、国際連盟が機能しなければ、子供たちが成人するころふたたび戦争がおこると警告した。九月二十五日、コロラド州のプエブロで演説した晩、彼は脳卒中に見舞われた。翌日も演説するといったが、同行の侍医グレイソン▲がドクターストップをかけた。ウィルソンは二十九日にホワイトハウスにもどり、以後、蟄居《ちっきょ》することになった。ひどい頭痛に悩まされ、十月二日には左の手足が麻痺し床に倒れ、しばらく意識を失った。その後、意識は回復し、質問にもゆっくりだがはっきりと答えられるようになった。この段階では死の危険はなかったものの、本格的な脳卒中であり、さらに十四日から一週間ほどは前立腺炎にかかり、尿閉・高熱に悩まされた。

その後まもなくウィルソンはある程度の回復をみせ、左半身に麻痺はあるも

▼**カリー・グレイソン**（一八七八〜一九三八）　海軍軍医だったが、ウィルソンの大統領時代にホワイトハウスの侍医となった。のち海軍大将。

のの、脳は正常に機能した。そのため彼は職を辞すことは考えず、侍医グレイソンもむしろ職務遂行が回復への最大の刺激になるという意見を述べた。こうしてウィルソンは医師や家族、ホワイトハウスの職員以外には面会せず、治療に努めた。

十月二十四日、上院外交委員長のロッジは一四点にのぼる留保事項を提示した。国際連盟からの脱退の自由、他国の領土保全と独立に対する義務のないことなどだった。また、山東半島問題の留保、経費分担については議会の承認が無い限り責任を負わないことなども含まれていた。

同月末、ウィルソン夫人のエディスは病室に訪問者を受け入れるようになり、休戦記念日の十一月十一日には、ウィルソンははじめて寝室を離れた。六日後には彼はある上院議員の訪問を受け、ロッジ留保案は条約を無効にするものであり、まったく承認不可能なことだと強く批判した。訪問者は、ウィルソンが以前とは違った断固たる口調だったと感想を述べた。

批准の失敗

十一月十九日、上院は国際連盟規約を主とする講和条約について投票した。まずロッジ留保案を含む条約が三九対五五で否決された。留保を可としたのは三五人の共和党員、四人の民主党員、反対したのは四〇人の民主党員と全面的に反対する共和党中心の非妥協派一五人だった。次いで留保なしの条約が採決されたが、結果は条約支持三八人(民主三七、共和一)、反対五三人(共和三三、民主五、非妥協派一五)だった。このニュースを知ったウィルソンは、健康をとりもどしてこの国に大きな機会と責任をもたらすよう努力すると述べた。

そのころウィルソンは左半身麻痺を残しつつもある程度の改善を示し、十二月十四日にははじめて立って歩いた。彼は講和条約に関して秘書に草稿を書かせ、口述でなおし、この問題で妥協することはできないと強調した。何人もの上院議員はウィルソンが妥協すべきだと述べたが、彼は、妥協すべきはロッジであると主張してゆずらなかった。

一九二〇年一月初めウィルソンは、民主党のジャクソン記念夕食会に向けた手紙を書かせ、そのなかで、上院の批准拒否は対ドイツ勝利を無にするものだと批判した。さらに、この悲劇的な事態に対処するには国民投票が必要であり、次の選挙はそのためのものにすべきだと訴え、反対した五〇人以上の議員はいったん辞職して再選挙に出るべきだとも述べた。

同月十日、国際連盟規約はアメリカが批准しないまま、英・仏・伊・日の四カ国およびドイツの正式な批准によって発効した。同月中旬から下旬にかけ、民主党議員の若干名が共和党のロッジらと何度か会談し、第一〇条への留保について議論した。いったんは同意に達しそうになったが、結局、委員長のロッジが留保の文言修正に応じず、物別れに終わった。ウィルソンは二十六日、両党会談に参加した民主党議員に宛てた手紙で、第一〇条への留保がアメリカの義務回避となるような印象を与えてはならないと注意した。

二月に入ってウィルソンは、国務長官ランシングが彼に無断で閣議を開いたという話を聞き、詰問する手紙を送った。その後十一、十二日には、両者の間であたかも手紙で決闘するような激しい文面がやり取りされ、ウィルソンはランシングを不忠誠だと非難した。十三日、ランシングは国務長官を辞任し、ふたたび外交問題はウィルソンが直接に処理することになった。一カ月以上過ぎた三月二十三日、外交経験のないコルビー▲が国務長官に任命された。

そのころ、ウィルソンが十分に知らないままに各閣僚がそれぞれの仕事をするなかで、深刻な問題が生じていた。「パーマーの襲撃」といわれる司法省による左翼過激派の弾圧である。司法長官パーマーは左翼過激派の運動がアメリカで盛んになることを恐れ、一九一九年十一月七日のロシア革命記念日を皮切りに、翌年一月までに、彼らを次々と逮捕・投獄▲した。ウィルソンはこの問題について四月の閣議で報告を受けたが、この国を赤化させないようにとコメントしたのみだった。

このように社会主義に反対するウィルソンにとって、ソヴィエト・ロシアを承認することはありえなかった。彼は、自由な選挙で作られた政権ではないものと国交を開くことはできなかった。しかしウィルソンは同国への軍事干渉を続けることも望まなかった。ムルマンスク、アルハンゲリスクなどからのアメリカ軍の撤退は、イギリス軍とともに一九一九年夏までに実施された。シベリアに関しては、彼は日本の動向を無視して、二〇年一月にアメリカ軍の撤退を命じ、四月に完了させた。しかし日本は、二二年十月まで出兵を続けた。

▼ベインブリッジ・コルビー（一八六九～一九五〇、在任一九二〇～二一）　ニューヨークの弁護士から共和党の州議員となり、一九一二年にはセオドア・ローズヴェルトの革新党に参加した。しかし穏健派のため、ウィルソンが抜擢した。

▼逮捕・投獄　一時的に拘束した人数は一万人、投獄した人数は三〇〇〇人以上といわれる。また、アメリカ国籍を取得していないロシア・東欧からの移民五〇〇人以上が国外追放された。

一九二〇年二月末、民主党の指導者が集まり、ウィルソンがロッジ留保について若干の譲歩をすることを求めた。しかし彼は、第一〇条の留保は条約拒否と考えざるをえないとして譲歩を拒否した。三月に入って上院は、あらためてヴェルサイユ条約の批准に関して投票することになった。ロッジの一四項目の留保、さらにアイルランドの自決権を確認する留保の一項目を加えた条約について、一九日、上院は批准可否を投票した。結果は、可とする者四九人(共和二八、民主二一)、非とする者三五人(共和一二、民主二三)で、可決に必要な三分の二には七票足りなかった。四カ月前の投票と比較して投票者が一〇人少ないが、棄権者は条約可決への意欲がなかったのだろう。また、留保つきの条約支持の議員が一〇人増えたが、それは、民主党の原案支持者の相当数が留保案支持にかわったためだろう。

こうして、国際連盟に関するウィルソンの努力は、最終的に敗北に終わり、原案提唱国のアメリカが参加しないという事態になった。相当数の民主党員がウィルソンの非妥協的な態度を批判し、多くの新聞もウィルソン非難の声をあげた。また、条約全体が批准されなかったため、形式的にはアメリカとドイツの和平が実現しないことになった。

この結果をウィルソンがどのように受け止めたかについては、説が分かれる。一説には、彼は翌日に結果を知り、ベッドで一週間寝ていたいぐらいだといったという。別の説では、ウィルソンはすぐに結果を知り、眠れない夜を過ごし、侍医グレイソンを呼んで、聖書の一部を読んでもらったという。さらに、もしクリスチャンでなかったら発狂したかもしれないが、信仰のおかげで、神がなんらかの計画を進めたのだと思うようになれたと話したといわれる。

民主党政権の敗北

ウィルソンは国際連盟規約が否定されても、依然として現職の大統領だった。一九二〇年四月半ばになって、彼はホワイトハウスの書斎で閣議を開いたが、それは脳卒中で倒れて以来七カ月半ぶりのことだった。以後しばらく、ほぼ毎週のように閣議が開かれたが、ウィルソンが諸問題に対する指導性を示すことは無く、閣僚の説明・議論に任せていた。

一方、議会は四月から五月にかけ、ドイツとの戦争終結を平和条約なしに宣

▼**次期大統領候補**　初代大統領ワシントン以来、三期目の大統領選に立候補した例はなく、不文律となっていた。

言するという決議を推進した。ウィルソンは五月二十七日、そのような講和はアメリカが参戦した時の関心事を何も解決できず、アメリカの名誉を汚すものだとして、拒否権を行使した。

六月に入って、次期大統領候補▲を決定する民主党大会が近づくと、ウィルソンは半身不随の身にもかかわらず、自分が出馬することを夢想した。彼は選挙で、国民がヴェルサイユ条約を望むのか、国際連盟を承認するのか、アメリカがそこで責任をはたすのかを問いかけようとしたのである。当然ながら、秘書や医師など周辺の人々はこの夢想を止めさせようと努めた。ウィルソンが自ら正式に候補となると発言することはなかったが、当時の新聞はそのような推測を掲載した。

民主党大会は六月二十八日からサンフランシスコで開催されたが、会場には大きなウィルソンの肖像写真が掲げられ、支持の旗を振る代議員もいた。候補の指名投票は容易に決着がつかず、膠着状態に陥った。七月二日、大会代議員でもある国務長官コルビーはウィルソンに電報を打ち、彼を指名する許可を求めた。ウィルソンは、客観的には無理な状況にありながら、ゴーサインを出した。しかしそれが実現することは無く、四四回目の投票でようやくコックス▲が大統領候補になった。副大統領候補にはフランクリン・ローズヴェルトが指名された。ウィルソンはそれを本心からは喜ばなかったといわれるが、祝意を表した電報を送った。

　選挙戦では、共和党は「ウィルソンの連盟」を非難し「正常への復帰」をスローガンに掲げた。十月はじめ、ウィルソンは選挙について声明を出し、「この選挙は国際連盟についての真の国民投票である」と論じ、また、連盟規約第一〇条がアメリカ議会の宣戦権を否定するという非難はまったくの誤りであると主張した。民主党候補コックスは、国際連盟を支持するとしながらも留保案に肯定的な言葉を述べ、ウィルソンとは異なる立場を示した。

　選挙の結果、共和党のハーディング▲が圧勝し、また、上下両院ともに共和党が勝利▲を占めた。なお、この選挙においてはじめて全国の二一歳以上の女性が投票権を行使したため、前回の選挙より総投票数が一気に一四〇〇万票近く増えた。

　社会党のデブス▲は獄中から立候補して九二万票弱を獲得し、社会党候補とし

▼ジェームズ・コックス（一八七〇～一九五七）　オハイオ州知事を六年間務めた。その最後の年に大統領候補となった。

▼ウォレン・ハーディング（一八六五～一九二三、第二十九代大統領、在任一九二一～二三）　彼は一般投票の六〇％をこす一六一四万票強を獲得し、コックスの九一三万票強を大きく上回り、選挙人票でも四〇四対一二七という大差をつけた。大統領として、ワシントン会議（一九二一～二二）を開催したが、在任中に主導権はとらなかった。また、在任中に閣僚を含む一大汚職事件（ティーポット・ドーム事件）が発生した。

▼共和党の勝利　下院は三〇一対一三一、上院は五九対三七。

▼デブス　デブスは反戦活動の罪が確定したため、終戦後の一九一九年四月から収監されていた。

て最高得票をえた。一九二〇年八月、デブスをはじめとする反戦活動家への恩赦を認めるべきかという問題が持ちあがり、以前は反対していた司法長官パーマーが態度を変え、ウィルソンの許可を求めた。しかし、ウィルソンはそれを否定した。翌二一年一月、ウィルソン政権の最後の時期になり、パーマーはあらためてこの問題を取り上げたが、ウィルソンはふたたびデブス釈放に反対した。デブスは同年十二月に新大統領ハーディングにより釈放されたが、ウィルソンはこの段階でも、デブスはこの国の最悪の人物の一人であり釈放されるべきではない、という強硬な考えを持っていた。

選挙が敗北に終わったことで、ウィルソン政権はレイムダック（死に体）状態になった。しかしその直後、ウィルソンには喜ばしいことが起こった。一九二〇年十一月二十日、ノーベル賞委員会は前年に該当者なしとした平和賞を一九年分としてウィルソンに授与したのである。もちろん受賞理由は、彼が国際連盟の創設に尽力したということだった。

そのころウィルソンには、最後の年次教書を議会へ提出する仕事が残っていた。健康状態が好転したとして、彼は自ら議会で読み上げることを考えたが、侍医グレイソンが反対した。結局、ウィルソンは教書を口述筆記させ自分で手を入れたが、そのおもな点はフィリピンへの独立付与、▲税制の単純化、統一政府予算の制定などだった。しかし、それらを具体化させることは望むべくもなかった。

またウィルソンは、大統領退任後の生活や住居のことを心配しなければならなかった。当時は、前大統領に年金を支給する制度が導入されていなかったため、彼は年七万五〇〇〇ドルの年俸のなかから貯金を続けた。さらにノーベル賞の賞金四万ドルも加わり、二五万ドルほどの貯金を持っていたといわれる。ウィルソンは、退任後も著作をおこなうために議会図書館を利用したいと考え、ワシントンで家を購入しようとしたが、彼の貯金ではやや不十分だった。しかし友人たちが一〇万ドルほどの資金援助を申し出てくれたため、ホワイトハウスから北西へ二・五キロほどのSストリートにある一五万ドルの家を入手することができた。

▼フィリピンへの独立付与　フィリピン独立案には、ウィルソンが任命したフィリピン総督のフランシス・ハリソン(一八七三～一九五七、在任一九一三～二一)が助言していた。しかし、その実現は一九四六年まで待たなければならなかった。

晩年のウィルソン

最晩年のウィルソン

一九二一年三月四日、新大統領ハーディングの就任式にあたり、ウィルソンはハーディングと一緒にオープンカーで式場へ向かった。彼は議事堂に入るには車椅子を用いたが、中では杖を使って自力で歩いた。しかし階段の昇降がきついため、結局、式典には参加できないことになった。こうしてウィルソンの大統領生活は終了した。

私人となったウィルソンは、日中も、客がなければバスローブとスリッパという格好で過ごした。また頻繁に車でドライヴに出かけることを楽しんだが、自分で運転することはできなかった。一時は前国務長官のコルビーと共同の弁護士事務所を開くことを考えたが、現実には不可能だった。

一九二一年七月、上下両院はドイツとの戦争状態の終結を決議し、八月末には、アメリカとドイツは、ヴェルサイユ条約から国際連盟規約部分を除いた平和条約に調印した。その条約は十月に上院へ提出され問題なく可決されたが、ウィルソンは、アメリカが連合国との共同義務を否定したような別個の条約は国民的な恥だと非難し、同調した民主党議員を批判した。当時、彼は小康状態にあったが、左手は麻痺したままで本を持つことが難しく、また視野も狭いため本を読むには苦労したといわれる。

一九二二年十二月二十八日、上院はウィルソンの誕生日にさいし、その健康が回復していることを喜ぶという決議をおこなった。同日、ウィルソン財団が結成されたことが彼に伝えられた。それは、彼の国際的な活動を記念して、今後の世界平和のために諸活動をおこなう組織であり、前年から友人や崇拝者たちが基金集めに努めた結果だった。

ウィルソンは一九二三年四月に一〇〇〇語ほどの短いエッセイを書いた。「革命から遠ざかる道」と題され、ロシア革命は資本主義への広範な反発の一部だとされ、その「不合理」な革命に対して民主主義はまだ十分に安全ではないとも述べられていた。また、アメリカが革命を回避するためには、高い生活水準と理想を再確認することが必要だと論じられた。この小論文は一部手直しされ『アトランティック』誌の八月号に掲載され、後に小冊子となった。

一九二三年八月、任期半ばの大統領ハーディングが急死し、副大統領のクーリッジが昇格した。ウィルソンも病身ながら車で葬列に参加した。十一月、第

▼**カルヴィン・クーリッジ**（一八七二～一九三三、第三十代大統領 在任一九二三～二九） 自由放任政策で一九二〇年代のアメリカの繁栄に寄与した。

▼二月三日に死亡　ウィルソンが嫌悪あるいは敵視したロシア革命の指導者レーニンは、二週間ほど前の一月二十一日に死亡した。

一次世界大戦終了の五周年記念日に向けて、彼ははじめて、また唯一のラジオ放送をおこない、その意義を評価した。記念日の当日、ウィルソンは自宅の前に集まった人々の前で同様の演説をおこなったが、それは彼がおこなった最後のスピーチだった。しかしこのころ、彼は将来について、信じがたいほどの楽観的な希望をいだいていた。訪れた教え子にどこかの大学の学長になる気持ちがあると伝えたり、翌年の大統領選に立候補することを考えて、簡単なメモを記したりしていたのである。

一九二四年二月一日、ウィルソンは意識が薄れ、昏睡状態に陥った。その後一時的に意識がもどることもあったが、三日に死亡▲した。翌日の『ニューヨークタイムズ』は全段抜きの大見出しと大きな写真を一面に掲げ、ウィルソンの死を報じた。クーリッジは全国民に喪に服するよう呼びかけ、半旗を掲げることを求めた。政府機関は扉を閉じ、職員は三〇日間、半数勤務となって、その死を悼んだ。大統領クーリッジは「戦争の大統領の終焉は平和のうちに来た」と弔意をあらわした。

葬儀は妻エディスの考えで、ウィルソンの宗派ではなく、エディスが所属する監督教会（米国聖公会）派▲の聖堂の地下礼拝堂でおこなわれた。ただし儀式は、ウィルソンが所属した長老派の司祭がとりおこなった。ウィルソン自身はこのような宗派の違いを気にしなかったといわれ、自分とは異なる宗派の大学で教えたことも何度かあった。また彼は、州知事・大統領時代には、ユダヤ教徒やカトリック教徒を重要ポストに任命した。なおクーリッジ夫妻は参列したが、政敵ロッジの参列はエディスが断った。またウィルソンの棺は、五〇年近く続いた聖堂の主要部分の建築がほぼ完成▲してから、生誕一〇〇年に合わせて正式墓所に移されたようである。なお、この聖堂は一般に「ワシントン大聖堂」といわれ、観光名所の一つとなっている。

▼**監督教会**（米国聖公会）**派**　もともとイギリス国教会の一部だったが、独立後、アメリカ・プロテスタントの主要宗派となった。社会の上層部、富裕層の信者が多い。

▼**聖堂建築**　一九〇七年に始まり一九九〇年に完成した。

ウィルソンとその時代

西暦	齢	おもな事項
1856	0	*12-28* トマス・ウッドロー・ウィルソン，ヴァージニア州ストーントンで生まれる
1861	4	*4-* 南北戦争始まる
1865	8	*4-* 南北戦争終わる。リンカーン暗殺される
1873	16	*9-* デイヴィッドソン・カレッジ入学。1 年で退学
1875	18	*9-* カレッジ・オブ・ニュージャージー（プリンストン大学）入学
1879	22	*9-* ヴァージニア大学法科大学院入学
1882	25	*10-* ジョージア州司法試験合格
1883	26	*9-* ジョンズ・ホプキンス大学大学院入学
1885	28	*1-*『議会制政治』出版。 *6-* 結婚。 *9-* ブリンモア大学講師となる
1886	29	*5-* 博士号取得
1890	33	*9-* プリンストン大学へ移る
1896	39	*5-* 最初の健康トラブル
1898	41	*4-* 米西戦争始まる。 *12-* 同戦争の講和条約
1902	45	*10-* プリンストン大学学長となる
1908	51	『立憲制政治』出版
1910	53	*10-* 学長辞任。 *11-* ニュージャージー州知事に当選
1911	54	*1-* 同州知事に就任
1912	55	*11-* 大統領に当選
1913	56	*3-* 第 28 代大統領に就任。 *12-* 連邦準備法制定
1914	57	*4-* メキシコへ艦隊派遣。 *7-* 第一次世界大戦始まる。 *8-* 妻エレン死す。 *9* - 連邦取引委員会法制定。 *10* - クレイトン反トラスト法制定
1915	58	*5-* ルシタニア号撃沈される。 *6-* 国務長官ブライアン辞任。後任にランシング。 *12-* エディスと再婚
1916	59	*3-* ヴィリャ討伐作戦を命ず。 *11-* 大統領再選
1917	60	*1-*「勝利なき平和」演説。 *2-* 対独断交。 *3-*「ツィンメルマン覚書」公表される。 *4-* 第一次世界大戦に参戦
1918	61	*1-*「十四カ条」演説。 *11-* 第一次世界大戦終わる
1919	62	*1-* パリ講和会議始まる。主要な役割を務める。 *1-* 憲法修正第 18 条(禁酒法）成立。 *6-* 憲法修正第 19 条（女性参政権），議会を通過。 *6-* ヴェルサイユ講和条約調印。 *7-* 上院において講和条約批准の審議始まる。 *9-* 脳卒中に倒れる。 *11-* 上院，講和条約批准案を否決
1920	63	*3-* 上院，講和条約批准を再否決。 *4-* 病状かなり回復。 *5-* 議会の対ドイツ戦争終了決議に拒否権行使。 *11-* 1919 年分のノーベル平和賞受賞
1921	64	*3-* 大統領退任。 *10-* 対独平和条約成立
1923	66	*11-* 第一次世界大戦終了 5 周年記念のラジオ放送をおこなう
1924	67	*2-3* ワシントンの自宅で死去

参考文献

○ウィルソンに関する文献

ウィルソン, ウッドロー（小林孝輔・田中勇訳）『議会と政府――アメリカ政治の研究』文眞堂，1978 年

草間秀三郎『ウッドロー・ウィルソンの研究――とくに国際連盟構想の発展を中心として』風間書房，1974 年

志邨晃佑『ウィルソン――新世界秩序をかかげて』清水書院，1984 年

進藤栄一『現代アメリカ外交序説――ウッドロー・ウィルソンと国際秩序』創文社，1974 年

高原秀介『ウィルソン外交と日本――理想と現実の間　1913－1921』創文社，2006 年

フロイト, S. &ブリット , W. C.（岸田秀訳）『ウッドロー・ウィルソン――心理学的研究』紀伊国屋書店，1969 年

本多巍耀『消えた帝国――大統領ウィルソンの挫折』芙蓉書房出版，2010 年

メイア, A. J.（斎藤孝・木畑洋一訳）『ウィルソン対レーニン――新外交の政治的起源　1917－1918』１・２　岩波書店，1983 年

リンク, アーサー・S.（草間秀三郎訳）『ウッドロー・ウィルソン伝』南窓社，1980 年

○ウィルソン時代のアメリカ

阿部斉ほか編『世紀転換期のアメリカ――伝統と革新』東京大学出版会，1982 年

有賀貞ほか編『アメリカ史２　1877－1992』（世界歴史大系）山川出版社，1993 年

今津晃編著『第一次世界大戦下のアメリカ――市民的自由の危機』柳原書店，1981 年

関西アメリカ史研究会編著『アメリカ革新主義史論』小川出版，1973 年

関西アメリカ史研究会編著『アメリカの歴史――統合を求めて』下　柳原書店，1982 年

新川健三郎・長沼秀世『アメリカ現代史』（世界歴史叢書）岩波書店，1991 年

ジン, ハワード（富田虎男・平野孝・油井大三郎訳）『民衆のアメリカ史――1492 年から現代まで』下　明石書店，2005 年

常松洋・肥後本芳男・中野耕太郎編『アメリカ合衆国の形成と政治文化――建国から第一次世界大戦まで』（アメリカ史のフロンティア１）昭和堂，2010 年

ノートン, メアリー・ベスほか（上杉茂・高橋裕子・中條献・戸田徹子・宮井勢都子訳）『南北戦争から 20 世紀へ――19 世紀後半－20 世紀』（アメリカの歴史 3）三省堂，1996 年

ノートン, メアリー・ベスほか（上杉茂・大辻千恵子・中條献・戸田徹子訳）『アメリカ社会と第一次世界大戦――19 世紀末－20 世紀』（アメリカの歴史 4）三省堂，1996 年

○第一次世界大戦関係の文献

アダムズ, サイモン（猪口邦子監修）『第一次世界大戦――兵士たちが経験した戦争のおそろしさをビジュアルで知る』（ビジュアル博物館）同朋舎，2002 年

池田十吾『第一次世界大戦期の日米関係史』成文堂，2002 年

尾鍋輝彦『第一次世界大戦』（二十世紀 5）中央公論社，1979 年

樺山紘一ほか編『アジアとヨーロッパ――1900 年代－20 年代』（岩波講座世界歴史

23）岩波書店，1999年
木村靖二・芝宜弘・長沼秀世『世界大戦と現代文化の開幕』（世界の歴史26）文庫版，中央公論新社，2009年
ジョル，ジェームズ（池田清訳）『第一次世界大戦の起原』改訂新版，みすず書房，2007年
タックマン，バーバラ（山室まりあ訳）『八月の砲声——第一次世界大戦』上下　筑摩書房，1980年
テイラー，A. J. P.（倉田稔訳）『第一次世界大戦——目で見る戦史』新評論，1980年
ハート，リデル（上村達雄訳）『第一次世界大戦』上下　中央公論新社，2000－2001年
山上正太郎『第一次世界大戦——忘れられた戦争』文庫版，講談社，2010年

○欧文参考文献
Auchincloss, Louis, *Woodrow Wilson, A Life*（Penguin Book, 2000）
Cooper, John M., Jr., *Reconsidering Woodrow Wilson: Progressivism, Internationalism, War, and Peace*（Woodrow Wilson Center Press, 2008）
Cooper, John M., Jr., *Woodrow Wilson, A Biography*（Alfred A. Knopf, 2009）
Heckscher, August, *Woodrow Wilson*（Charles Scribner's, 1991）
Link, Arthur S., eds., *The Papers of Woodrow Wilson,* 69 vols.（Princeton University Press, 1966-1993）
Link, Arthur S., *Wilson,* 5 vols.,（Princeton University Press, 1947-1965）
Weinstein, Edwin A., *Woodrow Wilson: A Medical and Psychological Biography*（Princeton University Press, 1981）
Wilson, Woodrow, *Congressional Government: A Study in American Politics*（Houghton Mifflin, 1885 and others）
Wilson, Woodrow, *Constitutional Government in the United States*（Columbia University Press, 1908 and others）
Wilson, Woodrow, *The State: Elements of Historical and Practical Politics*（D. C. Heath, 1898 and others）

図版出典一覧

John M. Cooper, Jr., *Woodrow Wilson, A Biography* (Alfred A. Knopf, 2009) *5*上, *13*, *14*, *15*, *43*, *81*下, *100*

PPS 通信社提供 カバー表, 裏, 扉, *5*下, *9*下, *31*, *37*, *61*, *64*, *81*上, *85*

長沼秀世（ながぬま ひでよ）
1937年生まれ
一橋大学大学院社会学研究科博士課程単位取得退学，博士（社会学）
専攻，アメリカ社会経済史
津田塾大学名誉教授
主要著書
『ニューヨークの憂鬱――豊かさと快適さの裏側』（中央公論社 1985）
『アメリカ現代史』（世界歴史叢書）（共著，岩波書店 1991）
『世界大戦と現代文化の開幕』（世界の歴史 26）（共著，中央公論新社 1997）
『アメリカの社会運動――CIO 史の研究』（彩流社 2004）
主要訳書
S. アリンスキー『市民運動の組織論』（未来社 1972）
M. オッペンハイマー『アメリカの軍隊』（福村書店 1972）
C. W. ミルズ『新しい権力者――労働組合幹部論』（共訳，青木書店 1975）

世界史リブレット人 74
ウィルソン
国際連盟《こくさいれんめい》の提唱者《ていしょうしゃ》

2013年10月25日　1版1刷発行
2022年4月30日　1版2刷発行
著者：長沼秀世《ながぬまひでよ》
発行者：野澤武史
装幀者：菊地信義
発行所：株式会社 山川出版社
〒101-0047　東京都千代田区内神田1-13-13
電話　03-3293-8131（営業）8134（編集）
https://www.yamakawa.co.jp/
振替 00120-9-43993
印刷所：株式会社 プロスト
製本所：株式会社 ブロケード